파스타에서

이탈리아를

맛보다

파스타에서 이탈리아를 맛보다

펜 대신
칼을 잡은
남자의
요리 이야기

권은중 지음

프롤로그

○ 20년을 함께한
펜 대신 칼을 잡다

쉰이라는 반백의 나이에 유학을 간다는 것은 분명 자랑할 만한 일이 아니다. 그것도 언론사에서 20년 동안 펜대를 굴리던 내가 불과 칼을 쓰는 요리를 배우러 이탈리아에 간다는 걸 주변 사람들에게 말하는 데는 용기가 필요했다.

그런데 의외로 많은 사람이 늦깎이 이탈리아 유학을 응원해줬다. 부러워하는 사람도 제법 있었다. 그 덕분에 유학 기간이 11개월로 짧은 편인데도 마치 이민이라도 가는 것처럼 출국 두 달 전부터 매일같이 환송회를 가졌다. 미세먼지가 심한 날일수록, 또 자식들이 대입을 앞둔 고교생이면 친구들은 나를 더 많이 부러워했다.

나는 2019년 3월 초 이탈리아 북부의 피에몬테주의 아스티에 있는 '외국인을 위한 이탈리아요리학교Italian Culinary Institute for Foreigners, ICIF'로 떠났다. 1991년 설립된 '이탈리아 요리 사관학교'라고 불리는 이곳은 프랑스의 '르 코르동 블뢰', 미국의 '미국요리학교CIA'와 함께 세계 3대 서양 요리 학교로 알려져 있다.

그런데 나는 왜 많은 나라 가운데 이탈리아를 선택했을까? '스시 천국' 일본과 무궁무진한 요리의 나라 중국, 서양 요리의 대명사인 프랑스, 인종만큼이나 '요리의 용광로'라 하는 미국에도 요리학교가 있는데 말이다. 내가 많은 나라 가운데 고민하지 않고 이탈리아행을 결정한 것은 '스토리아storia' 때문이다. 스토리아는 이탈리아어 여성 명사로 '역사'라는 뜻이다.

"모든 길은 로마로 통한다"는 속담이 있는데, 요리만큼 이 말이 들어맞는 분야도 없다. 서양의 주식인 빵은 이집트에서 시작됐지만 진흙 화덕에서 굽던 납작한 빵에 입체감을 불어넣은 것은 고대 로마가 개발한 벽돌 오븐이다. 로마의 제빵사는

20년 기자 생활을 접고 이탈리아로 요리라는 새로운 길을 찾아 나선 후 ICIF에 입학해 요리 수업 중 짬을 내어 사진을 찍었다.

옛 성을 그대로 활용한 ICIF의 모습.

국가 공무원이었으며 빵을 나누어주던 곳은 신전이었다. 로마는 빵에 맛뿐 아니라 정치와 종교의 옷을 입혔다.

서양 음식의 짝꿍인 와인은 로마를 빼고서는 말할 수 없다. 예수의 피로 맺은 성스러운 계약을 상징하는 와인은 로마가 기독교를 국교화하면서 유럽에 본격적으로 퍼졌다. 로마가 없었다면 서양 요리에 와인은 없었다. 이처럼 빵과 와인은 로마에서 재탄생했다.

우리의 젓가락에 해당하는 포크와, 향신료의 핵심인 후추도 이탈리아를 통해 전 유럽으로 퍼져나갔다. 파스타, 커피, 옥수수 등 이탈리아와 관련된 음식 이야기를 시작하면 끝이 없다 (옥수수는 스페인이 유럽에 가져왔지만 뭐든지 팔려고 했던 이탈리아의 도시국가 베네치아에서 처음 주식으로 재배했다. 비싼 밀은 외국에 팔고 값싼 옥수수를 먹었기 때문이다). 서양 부엌의 거의 모든 것이 이탈리아에서 시작되거나 이탈리아를 거쳐 유럽에 전파됐다.

이런 음식의 역사는 물론 요리를 시작하면서 알게 됐다. 그 전까지 나는 봉지 커피와 컵라면을 즐기던 평범한 아재였다. 아니 좀더 '다크'했다. 나는 20년 기자 생활의 절반을 신문사에서도 기피 부서인 사회부에서 보냈다. 사회부에서는 야근도 많고 취재도 어려워서 예나 지금이나 신문사의 '3D 부서'로 통한다. 병원으로 치면 외과, 경찰서로 치면 강력반쯤이다. 나는 그것도 사회부 경력의 절반 이상을 법원과 검찰 등을 취재하는 법조 기자를 하며 보냈다. 법조부는 사회부에서도 가장 고된 출입처다.

법조부는 언론사 간의 취재 경쟁이 가장 치열한 곳으로 악명 높다. 판결문, 영장, 소장 같은 일상적인 문건이 타사 기자들에게 '뜨거운 물을 먹이는' 큰 특종이 된다. 검찰 출입 기자들이 MT를 가려던 날 아침, 전직 대통령이 연루되었을 가능성이 있는 비자금 기사가 나와서 아예 기자실 MT가 취소되었다는 전설 같은 이야기도 있다. 그래서 법조 기자들은 판검사와 변호사를 만나느라 거의 매일 밤 서초동 언저리를 밤늦게까지 어슬렁거려야 했다. 나도 매일매일 새벽까지 서초동을 배회하던 사람 중 한 명이었다.

그런 내가 2012년 이탈리아 음식 관련 책인 『독학 파스타』를 냈을 때 주변 사람들이 고개를 갸우뚱하는 것도 무리는 아니었다. 경북 안동에서 배추 뿌리와 생파를 간식으로 먹으며 유년 시절을 보냈던 내가 이탈리아 요리 관련 책을 낸 사건은 나 자신도 의아했을 정도다.

책은 2012년에 나왔지만 원고는 이미 2009년에 다 써놓았다. 당시 미국발 경제 위기로 경기가 좋지 않아 직원들이 돌아가며 한 달씩 무급휴직을 하고 있었다. 그해 9월 나는 한 달

동안 휴직할 때 국회도서관에서 보름 만에 원고지 1,000매가량의 원고를 완성했다. 나는 그 뒤에 어떤 책도 그렇게 쉽게 쓰지는 못했다. 그때 나는 뭐든지 파스타로 만들어 먹었다. 된장찌개나 순두부찌개도 예외는 아니었다.

요리의 '요'자도 모르던 내가 요리를 시작한 것은 2006년이었다. 처음에는 어떻게든 한 끼를 해결해볼 요량으로 시작했다. 김치칼국수와 콩나물무침이 첫 도전 메뉴였다. 물론 완벽한 실패였고 내가 한 음식은 먹을 수 없어 모두 쓰레기통으로 직행했다.

그 뒤에 가장 손쉬운 요리를 찾아서 도전하기 시작했고 이탈리아 국수인 파스타가 내 눈에 포착됐다. 해보니 파스타는 쉽고 빠르고 맛있었다. 격무에 지친 요리사들이 주말에 쉴 때 혹은 애인과 만났을 때 가장 많이 만들어 먹는 음식이 파스타라고 한다. 파스타는 쉽지만 한 방이 있는 메뉴였다. 조개나 베이컨으로 만들던 파스타는 전복, 랍스터(바닷가재), 소갈비 등으로 화려해졌다.

그렇게 파스타를 만들다 보니 어느새 한식도 중식 요리도 쉽게 만들고 있는 나를 발견했다. 요리 초보 시절 공포 그 자체였던 콩나물무침은 물론이고 심화 과정인 김치까지 담그게 됐다. 파스타로 요리의 이치를 튼 셈이다. 나는 이런 즐거움을 알리고 싶어서 책을 쓰기 시작했다.

그런데 요리를 시작하기 전에 나는 전혀 다른 소재를 다룬 책을 구상하고 있었다. 2003년 대선 자금 수사나 한국 사회의 의미 있는 판결을 소개하는 『실록 대선 자금』 혹은 『한국의 재판』이라는 책을 쓰기 위해 자료를 모으고 있었다. 물론 두 책은 내가 요리를 시작하면서 이내 잊혔다. 부드러운 '요리'가 딱딱한 '법'을 내 머릿속에서 몰아낸 것이다.

늦바람이 무섭다더니 나이 들어 재미를 붙인 요리는 결국 나를 일탈하게 했다. 언론계에서 드물게 정년이 보장된 『한겨레』를 그만두고 요리 유학을 떠나게 된 것이다. 프라이팬을 들고 있을 힘이 있을 때 가야 한다는 생각을 했는데, 실행에 옮기는 데 10년이 넘게 걸렸다.

내가 가장 걱정한 건 체력이 아니라 아내였다. '마느님('마누라+하느님'의 줄임말)'께서 반대표를 행사하면 사실상 어떤 결정도 내리기 어렵다. 그러나 내가 지금까지 아내에게 주말마다 해줬던 요리 덕이었을까. 아내는 요리 유학을 크게 반대하지 않았다. 오히려 "한 살이라도 젊을 때 하고 싶은 것을 해야 후

회가 없다"며 응원해주었다. 주말마다 오전엔 가족의 밥상을 차려놓고 오후엔 도서관에 가는 남편의 무미건조한 삶을 동정했을지도 모르겠다. 마느님의 허가를 받은 뒤 나는 거칠 것이 없었다. 2017년 회사를 그만두고 요리 작가로 활동하면서 유학을 준비했다.

유학을 떠난다면 목적지는 당연히 이탈리아였다. 이탈리아어를 한마디도 못하면서 이탈리아를 운운한 것은 내 요리 인생을 이탈리아의 파스타로 시작했기 때문이다. 깜빡이도 켜지 않고 내 차선으로 훅 들어온 파스타는 나를 늘 새로운 길로 인도했다. 내게 요리책을 쓰게 했고 요리 관련 강연을 하게 했다. 심지어 내 이름을 건 미식 여행 상품이 나오기도 했다. 이탈리아 요리 유학 역시 파스타가 보여준 길 중 하나다. 나는 그 길을 나의 스토리아라고 생각한다. 쉰에 물설고 말 선 이탈리아로 떠났던 것은 내 이야기를 완성해보고 싶었기 때문이다.

차례

프롤로그 20년을 함께한 펜 대신 칼을 잡다 5

1장

피에몬테에서 요리를 공부하다

떠나기만 해도 성공이다 19
수업 첫날 만난 무궁무진한 빵의 세계 26
안식처이자 또 하나의 교실, 구내식당 34
【첫 번째 맛】 스파게티가 전부라고 생각하면 오산이지 • 파스타 41
'간단하면서도 복잡한' 이탈리아 요리법 49
【두 번째 맛】 작지만 훌륭한 맛의 성과 • 젤라토 55
음식처럼 다양한 이탈리아 산천의 색감 60

2장

레스토랑에서 인턴으로 일하다

'자작나무'와의 인연이 시작되다 71

이제부터 나는 노예다 77

【세 번째 맛】 놀라운 평등성의 상징 ● 커피 85

알고 보니 나만 힘든 게 아니었어 90

나이가 많다고 나쁜 건 아니야 97

물냉면과 파스타 사이에서 향수병에 시달리다 103

【네 번째 맛】 단순하지만 범상치 않은 식재료 ● 토마토 109

'신 포도' 이탈리아 와인의 재발견 114

작다고 해서 맛까지 못한 것은 아니다 122

【다섯 번째 맛】 일단 한번 마셔보시라니까요 ● 와인 130

3장

시칠리아에서 이탈리아를 맛보다

한식 없이는 못 살아 141

또 다른 땅, 시칠리아로 떠나다 148

세계를 사로잡은 맛의 비밀 156

【여섯 번째 맛】 슬로푸드의 상징 • 치즈 165

이탈리아 사람들을 미워할 수 없는 이유 171

【일곱 번째 맛】 이탈리아 요리의 첫 단추 • 올리브오일 180

피자나 파스타가 다는 아닙니다만 187

【여덟 번째 맛】 이탈리아의 숨은 자존심 • 살루미 196

그 유명한 미슐랭 레스토랑은 뭐가 다를까 204

【아홉 번째 맛】 놓칠 수 없는 이탈리아의 별미 • 오렌지, 레몬, 피스타치오, 호박꽃 213

에필로그 이탈리아 요리 유학에서 얻은 것과 잃은 것 223

1장

떠나기만
해도
성공이다

"떠나기만 해도 성공이다."

이탈리아로 떠나는 나에게 여러 사람이 해준 격려 가운데 가장 기억에 남는 말이다. 나이 들어 새로운 일을 찾아 떠나기가 쉽지 않으니 떠나는 것만으로 만족하고, 이탈리아에서 큰 욕심 내지 말라는 뜻일 것이다. 이 말을 듣고 난 뒤 온갖 기대와 걱정으로 복잡했던 마음이 한결 편해졌다.

그런데 이 말은 덕담이 아니라 예언에 가까웠다. 막상 떠나려 하니 준비할 것이 너무 많아 밀라노행 비행기가 이륙하기 직전까지 '과연 내가 이탈리아로 떠날 수 있을까' 하며 가슴을 졸여야만 했다.

　나는 국외 연수나 유학 경험이 없는 국내파다. 따라서 1년 가깝게 한국을 떠나는 건 난생처음이다. 짧은 외국 여행 때도 매번 아내가 짐을 꾸렸다. 나는 그저 양말이나 속옷 정도만 챙기는 '속 터지게 하는' 남편이었다. 나를 잘 아는 아내는 1년 정도 가 있으려면 이민 가방을 쌀 각오를 해야 한다고 몇 번이나 경고했지만 나는 짐 꾸리기를 차일피일 미루었다. 변명하자면 항공사마다 조금씩 다르지만 1인당 부칠 수 있는 짐은 20킬로그램 정도다. 나머지에는 추가 요금이 붙는다. 요령껏 짐을 싸야 한다는 이야기다. 그래서 체크리스트가 더 중요하다고 생각했다.

　이런 나에게 이탈리아에 다녀온 지인들은 생활용품 대부분은 현지에서도 살 수 있으니 짐을 굳이 열심히 쌀 필요가 없다고 조언해주었다. 날씨도 이탈리아는 겨울이 없고 늘 가을 날씨니까 경량 패딩이면 충분하고, 그조차 필요 없다는 의견도 있었다(물론 가보니 사실이 아니었다. 이탈리아의 3월은 한국만큼은 아니지만 아침저녁으로 꽤 춥다). 아내는 이것저것 쌀 수 있는 큰 가방을 새로 사라고 했지만 나는 그냥 평소에 쓰던 캐리어로도 충분하다고 고집을 부렸다.

짐을 꾸리다 전기밥솥과 전기장판을 챙기는 일로 가장 애를 먹었다. 나는 밥심으로 사는 전형적인 '아재'다. 이탈리아 파스타가 아무리 맛있어도 일주일에 한두 번은 밥을 먹어야 한다. 인터넷에서 찾아보니 앙증맞은 1인용 전기밥솥이 있었다. 1만 원대의 착하디착한 가격이었다. 그렇지만 작아도 밥솥은 밥솥이다. 이 밥솥 때문에 가방이 잠기지 않았다. 결국 밥솥의 종이 박스를 벗겨 가방에 넣은 뒤 체중으로 눌렀더니 겨우 잠겼다. 우여곡절을 거쳐 가져온 이 밥솥 덕분에 이탈리아에서 주말마다 밥은 물론 느긋하게 숭늉도 즐길 수 있었다.

　전기장판도 고민거리였다. 유럽에서는 바닥 난방을 하지 않아 추위를 타면 전기장판이 꼭 필요하다고 했다. 10월 말부터 4월 초까지 내복을 입는 나에게 전기장판은 밥솥만큼이나

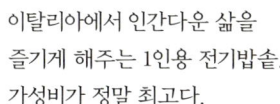

이탈리아에서 인간다운 삶을 즐기게 해주는 1인용 전기밥솥. 가성비가 정말 최고다.

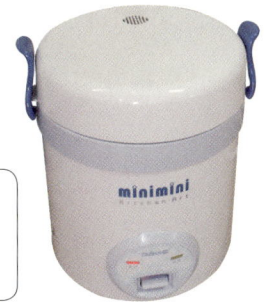

필수품이다. 그런데 매장에 가서 구들을 그대로 뜯어놓은 것처럼 늠름하게 누워 있는 전기장판들을 보고 나니 말문이 막혔다. 전기장판만으로도 여행 가방이 가득 찰 것 같았다. 실제 전기장판을 가져온 사람들은 여행 가방을 두 개씩 들고 왔다. 그래서 타협한 것이 폭 30센티미터 크기의 전기방석이었다. 이 방석은 돌돌 말 수 있어 짐의 부피를 크게 줄일 수 있었을 뿐 아니라 물설고 낯선 이탈리아에서 밥솥과 함께 가장 큰 효자 노릇을 했다.

이 밖에도 셰프용 칼, 멀티탭, 여분의 휴대전화(이탈리아에서 휴대전화가 망가지면 신속한 수리 따위를 기대해서는 안 된다), 각종 약, 다시마(채식 선호자에겐 필수품이다), 고춧가루 등 머리에 쥐가 날 정도로 챙길 것이 많았다. 셰프용 칼은 한국에서 날을 잡아 가져가야 한다고 해서 노량진 수산시장에까지 가서 갈아왔다. 날을 잡으니 순진하게만 보이던 내 칼이 매서워졌다. 칼을 갈러 간 길에 셰프용 칼 가방과 칼집도 난생처음으로 샀다. 복잡한 짐 싸기에서 잠깐의 보람을 느낀 순간이었다.

이런 식으로 짐이 하나둘 늘면서 안 그래도 조그만 여행 가방이 비명을 질렀다. 떠나기 전날 새벽까지 가방과 씨름해야 했다. 그날 밤 살 수만 있다면 남대문시장이든 어디든 택시를 타고 가서 큼직한 여행 가방을 사고 싶은 충동에 시달렸다. 덕분에 출국하는 날 집 근처에서 공항버스를 타는 그 순간까지 아내의 지청구를 들어야 했다. 떠나기 일주일 전부터 떠나는

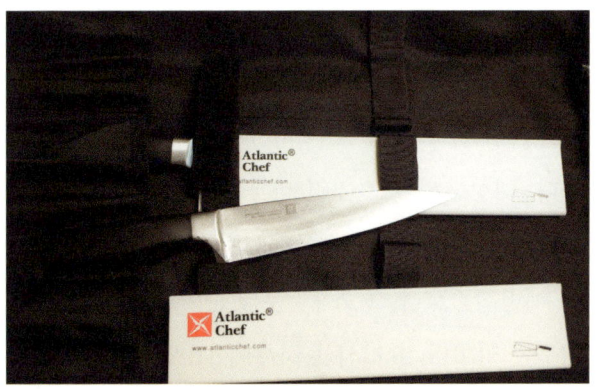

처음으로 구입한 셰프용 칼 가방과 칼집.
칼을 돈 주고 갈아봤더니 순하던 내 칼이 매서워졌다.

날까지 아내에게 날마다 편지를 쓸 생각으로 사온 형형색색의 편지지는 짐을 싸느라 뜯어보지도 못했다. 1년을 못 보는 상황이었지만 로맨틱한 작별 인사는 없었다.

짐 싸는 것만큼 신경 써야 할 일은 많았다. 밀리면 큰일 나는 주택자금대출 이자 같은 건 일도 아니었다. 2018년 12월 본격적으로 유학을 준비하면서 가장 먼저 했던 일은 대상포진 예방접종이었다. 대상포진은 스트레스를 심하게 받거나 면역력이 떨어지는 50대 이상이 걸리기 쉬운 질환이다. 대상포진은 살갗이 벗겨지는 듯한 통증이 몇 달 동안 지속되는 것으로 악명이 높다. 이탈리아의 의료 체계는 병원을 예약해 방문하는 시스템이다. 운이 없으면 의사를 만나는 데 한 달이 걸린다고 한다. 대상포진에 걸리면 바로 귀국해야 한다는 이야기다. 대상포진 말고도 폐렴 두 종류와 파상풍 예방접종도 했다.

예방접종보다 더 오래전부터 준비한 일도 있다. 하체 근력을 키우는 일이다. 요리사는 하루에 10시간 이상 서 있어야 한다. 몇 년 전부터 주방에 서겠다는 목표로 날마다 기본 하체운동인 스쿼트(앉았다 일어나기를 반복하는 운동)를 수백 개씩 했다. 그래서 하체엔 어느 정도 자신이 있었다. 그러나 현실은 달랐다.

ICIF 기숙사 전경.
평화로워 보이는 기숙사 잔디밭에서는 거의 주말마다 파티가 열렸다.

2018년 9월부터 토요일마다 한식조리사 자격증을 따기 위해 학원에 나갔다. 수업은 아침 9시부터 오후 2시까지 겨우 5시간이었다. 그러나 첫 수업이 끝나고 집에 돌아와서 그날 저녁은 물론 일요일 오후까지 뻗어 있었다. 생각보다 더 강한 체력이 필요하다는 것을 깨달았다. 그래서 따로 운동할 시간이 없었던 나는 무조건 걸었다. 퇴근할 때도 직장에서 집까지 1시간가량을 걸어 다녔다. 미세먼지가 있든 없든 주말에는 집 근처의 산을 올랐다. 스쿼트도 그전보다 더 열심히 했다. '하체가 나를 자유롭게 하리라'는 생각에서였다.

    하지만 이탈리아에 와서도 체력은 걱정거리였다. 저질 체력 탓에 밤 10시면 잠이 쏟아졌다. 젊은 동기들은 낮에 배운 요리를 복습하거나 기숙사 구내식당에서 외국 친구들과 술잔을 기울이며 요리와 인생에 대해 이야기를 나누고 있는데 말이다. 그래서 이탈리아에서도 나는 아침마다 숙명처럼 기숙사 뒷산에 올랐다. "이탈리아에 오기만 해도 성공"이라는 말 대신 "무사히 한국에 돌아가기만 해도 성공"이라는 말을 중얼거리면서.

〔 피에몬테에서 요리를 공부하다 〕

수업 첫날
만난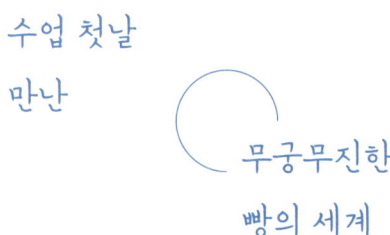
무궁무진한
빵의 세계

외국인을 위한 이탈리아 요리학교의 첫 수업은 제빵이었다. 그런데 나는 제빵에 관심이 없었다. 빵이 맛도 있고 만들 때 재미는 있지만, 얼마나 고된 일인지 알기 때문에 아예 관심을 가지지 않으려고 했기 때문이다.

그렇게 된 계기는 잘 다니던 대기업을 그만두고 빵집을 하는 고교 동창에게 있다. 그는 회사에서 보내준 미국 경영전문대학원MBA 연수 도중에 제빵에 재미를 붙여 그길로 회사를 그만두고 미국의 유명 요리학교인 CIA에 제빵 유학을 갔다 왔다. 천연 발효종을 이용하는 덕분에 친구의 빵 맛은 기가 막히다.

하지만 그는 날마다 새벽 6시에 출근하고 주말에도 제대로 쉬지 못한다. 해외여행은 꿈도 못 꾸고 국내 여행을 갈 때도 발효종을 아이스박스에 넣어 들고 다닐 정도다. 아침잠이 많은 나는 그런 수도자 같은 작업에 발을 들이고 싶지 않았다. 그래서 빵은 내게 그저 '신 포도'에 불과했다.

역시 예감은 틀리지 않았다. 일주일의 제빵 과정은 신 포도가 아니라 이탈리아 고추 페페론치니만큼이나 매웠다. 교육 첫날 받은 교재에는 빵 제조법 34개가 있었다. 레시피는 영어와 이탈리아어로 쓰여 있었다. 나는 교재에 있는 빵을 다 만들 것이라고 생각하지는 않았다. 하루에 두세 개로 시작해서 일주일에 10개쯤 만들겠지 하고 짐작했다.

이탈리아를 너무 만만하게 봤다. 월요일부터 금요일까지 5일 동안, 책자에도 없는 빵 10여 종류를 포함해 빵을 40가지 이상 만들었다. 빵 위에 얹는 재료를 바꾼 것까지 합친다면 빵 종류는 훨씬 더 늘어났다. 금요일에 시험을 봤기 때문에 빵은 월요일부터 목요일까지 만들었다. 그러니 나를 비롯한 동기들은 하루에 10가지 넘는 빵을 만든 셈이다.

파스타처럼 이탈리아에 빵이 이렇게 많을 줄은 상상도 못 했다. 한국에 알려진 포카치아(납작한 빵)나 치아바타쯤을 예상했는데, 지역·반죽·재료별로 정말 형형색색의 빵이 있었다. 심지어 뱀, 통닭, 거북이를 닮은 빵도 있었다. 마치 토우土偶(흙으로 사람이나 동물 모양을 빚어 구운 것)를 보는 느낌이었다. 거기

〔 피에몬테에서 요리를 공부하다 〕

다 버터나 오일은 물론이고 돼지기름, 감자, 허브, 올리브 등 빵에 다양한 재료를 썼다. 제빵 셰프인 다비데가 이런 복잡한 제조법을 거의 외우고 있다는 점도 놀라웠다. 그는 어떤 질문이나 난관에도 막힘이 없었다. 서른아홉 살인 그는 매우 직관적이고 창의적이었다.

그러나 부지런한 천재는 보통 사람에게는 벅찬 법이다. 사흘 동안 이탈리아의 맑은 공기로 충전된 내 체력은 금세 바닥이 났다. 나를 가장 지치게 한 것은 수업이 동시다발적으로 진행돼 도무지 제조법을 정리할 수 없다는 점이었다. 이탈리아어에 능하지 않으니 꼬리를 물고 일어나는 궁금증을 셰프에게 하나하나 확인하기 힘들었다. 무지는 공포로 이어졌다. 이러다가는 금요일 시험에 떨어지고 결국 아무것도 배울 수 없으리라는 걱정이 머리를 들기 시작했다.

급한 마음에 빵을 굽는 고교 동창에게 국제전화를 걸었다. 도움을 청하려고 했는데 입이 떨어지지 않았다. 그저 안부만 묻고 전화를 끊었다. 그런데 그때 내가 떠나기 전에 그 친구가 "빵을 일주일 만에 배우는 것은 불가능하다. 그러니 그냥 이탈리아의 빵 문화를 맛보는 것쯤으로 편하게 생각해라"라고 했던 말이 기억났다. 당시에는 그 말을 한쪽 귀로 듣고 한쪽 귀로 흘렸는데 전화를 끊고 나니 그 선문답 같던 말이 생각난 것이다. 느긋하게 이탈리아 빵을 즐겨보자고 나 자신에게 주문을 걸고 또 걸었다.

통닭 모양의 '만토바나'라는 빵이다. 마치 토우를 보는 것 같다.

돼지기름이 들어가는 '티젤라'. 따뜻할 때 먹으면 위로가 되는 맛이다.

감자를 넣어서 부드러운 '풀리아 포카치아'.

신기하게도 마음을 비우자 구원의 손길이 밀려왔다. 제빵 코스에는 나를 포함해 한국인 5명 외에도 외국인이 5명이나 있었다. 그중엔 이탈리아어가 모국어인 외국인이 2명 있었다.

이탈리아 북부 토리노에 사는 브루노는 사업가인데, 맥주에 '꽂혀서' 취미로 맥주를 만들고 있는 '꽃중년'이었다. 50대 중반인 그는 빵이 맥주와 함께 대표적인 발효의 산물인 만큼 두 가지를 모두 배우고 싶어 이 학교를 찾았다고 했다.

스위스 로카르노에서 온 알레시아는 요리사였고, 현재 근무 중인 레스토랑의 지원으로 제빵 과정에 등록했다. 20대 후

제빵 과정을 함께했던 외국인 동기들. 맨 왼쪽이 브루노이고 왼쪽에서 네 번째 여성이 알레시아다. 왼쪽에서 두 번째는 제빵과장 셰프 다비데.

반의 여성인 그는 학교에서 빵을 만들 때는 군인처럼 무뚝뚝했지만 쉬는 시간에는 활력이 넘쳤다.

두 사람은 이 복잡한 제조법을 각자 전부 정리하고 있었다. 이해되지 않는 게 있으면 수업이 끝나고 셰프를 찾아가 하나하나 물어보는 열정도 가지고 있었다. 알레시아는 날마다 밤을 새운다는 소문도 있었다. 이들은 힘들게 정리한 제조법을 친절하게도 동기들에게 공유해주었다.

한국인 동기도 수업 시간에 자기가 찍은 사진이나 제조법을 건네줬다. 이렇게 제조법을 확보하자 안심이 됐다. "동기 사랑이 나라 사랑"이라는 말이 이탈리아에서 통할 줄이야! 거기다 날마다 하루에 10여 가지의 빵을 만들다 보니, 수요일쯤 되자 제빵이 아주 어렵게만 느껴지지는 않았다. 친구 말처럼 이탈리아만의 독특한 빵 문화를 음미할 수도 있을 것 같았다.

드디어 금요일, 시험 날이었다. 목요일에 제비뽑기를 해서 나온 빵의 종류를 구워 제출하면 제빵 전문가와 기자 등 외부인으로 구성된 심사위원들이 점수를 매겼다.

내가 제출해야 할 빵은 '보콘치니 인테그랄리'였다. '보콘치니'는 '한입 거리', '인테그랄리'는 '통밀가루'라는 뜻이다. 긴 막대기 같은 '그리시니'와 함께 주로 식전에 먹는 빵이다.

작은 빵이기 때문에 제조법에 나온 반죽이나 성형에 어려움은 없었다. 오히려 이탈리아 사람인 심사위원들에게 이탈리아어로 더듬더듬 설명하는 일이 더 어려웠다. 나를 비롯해 동기 전원이 무사히 시험을 통과할 수 있었다.

그날 밤 우리는 기숙사에 돌아와서 신나게 '쫑파티'를 했다. 브루노는 자기가 만든 다양한 맥주를 가져왔고 한국 학생들은 삼겹살을 준비했다. 학교 근처의 멋진 와이너리도 들렀다. 지옥과 천국을 모두 맛본 한 주였다.

내가 만든 보콘치니는 학교 냉동고에 보관했다가 구내식당에서 식전 빵으로 여러 차례 제공됐다. 그 빵을 보면 뜨거운 오븐 앞에서 마음을 졸이며 이탈리아에서 보낸 나의 첫 주가 떠

시험 과제로 나와서 내가 만든 '보콘치니 인테그랄리'. 통밀로 만든 식전 빵이다.

올랐다. 밀가루는 발효가 되고 누군가의 열정을 거쳐야 비로소 빵이 된다. 발효가 되기 전까지 밀가루는 그저 밀가루일 뿐이다. 나는 쉰이 돼서야 '요리'라는 효모를 품고 자신에게 물을 끼얹은 늦깎이 밀가루였고, 발효가 되려면 시간이 더 필요하다는 걸 깨달았다. 느릿느릿 시간이 걸리더라도 멋지게 발효되고 싶다.

안식처이자
또 하나의 교실,
구내식당

한국에서 학창 시절을 보낸 사람이라면 구내식당 경험은 그리 유쾌하지 않을 것이다. 나는 중·고교 때 구내식당의 좋고 나쁨을 전혀 몰랐다. 고등학교 3년 내내 수업이 끝나면 야간 자율학습을 앞두고 날마다 라면과 우동을 먹었고, 그것도 모자라면 빵을 사서 먹었다. 구내식당의 맛을 따지기에는 너무 어렸고 늘 배가 고팠다.

하지만 대학을 다니며 '맛있는 구내식당'이란 '소리 없는 아우성' 같은 형용모순이라는 것을 알게 됐다. 대학 시절 우리 학교 식당의 간판 메뉴는 장국밥이었다. 그러나 무늬만 장국밥이었고 '소가 강을 건너간' 수준의 맛이었다. 구내식당 대신 학교 근처 라면과 김밥 파는 집에 주로 갔다.

기자가 된 뒤 여러 출입처를 다닌 덕분에 구내식당도 다양하게 다녀봤다. 정부종합청사는 물론이고 법원, 검찰청, 경찰서, 한국은행, 국세청 등 각종 기관의 구내식당이나 여러 기업의 구내식당도 다녀봤다. 하지만 한국에서 구내식당이란 뭘 먹을지 고민할 필요가 없다는 거 말고는 큰 장점이 없다고 생각한다.

이런 나에게 ICIF의 구내식당은 구내식당의 이데아가 뭔지 보여줬다. 이곳 구내식당의 음식은 레스토랑처럼 코스로 구성돼 있다는 게 장점이다. 식전 빵을 주고 나서 파스타나 곡물로 만든 첫 번째 메인 요리에 이어 고기나 생선으로 이루어진 두 번째 메인 요리가 나온다. 디저트로 젤라토(이탈리아 아이스크림)가 나오고 다양한 과일을 골라서 먹을 수 있다. 커피와 차도 무제한으로 마실 수 있고 저녁도 똑같이 제공된다. 등록금에 모두 포함돼 있기 때문에 모두 별도의 비용 부담이 없다.

코스별로 살펴보면 식전 빵이 무엇보다 훌륭하다. 유명 제빵사들의 레시피로 만드는 난생처음 보는 피자와 빵이 나온다. 개인적으로는 '시칠리아 스핀초네'가 정말 압권이었다. 무

나폴리 스타일의 피자도 구내식당 단골 메뉴다.

무청을 얹은 시칠리아의 '포카치아 스핀초네'. 한국의 맛이 느껴진다.

청을 얹은 포카치아인데, 고향의 맛이 났다. 이 빵은 피자 코스 셰프인 니콜라의 작품이었다. 나폴리 출신인 그는 각종 피자 관련 국제대회에서 우승한 인물이다. 이런 빵을 먹다 보면 이탈리아 현지 레스토랑에서 나오는 식전 빵마저 우습게 보인다.

 첫 번째 메인 요리인 면이나 리소토 역시 내용과 형식이 훌륭하다. 형식을 이야기하는 것은 파스타의 형태가 매번 바뀐다는 점이다. 스파게티(국수 모양)는 물론이고 푸실리(나사 모양), 펜네(양 끝이 펜촉처럼 뾰족한 짧은 원통 모양), 라비올리(둥글거나 네모난 작은 만두 모양) 등 난생처음 본 파스타도 많았다. 파스타와 리소토를 맨 처음에는 그냥 먹었지만 이탈리아 체류 기간이 한 달을 넘으면서 이탈리아 고추인 페페론치니를 넣어서 먹었다. 매콤한 맛이 한국에 대한 향수를 달래줬다.

브로콜리를 넣은 '푸실리'에 페페론치니 한 숟갈을 넣으면 향수병이 사라진다.

메인 요리로는 주로 고기 요리가 나왔는데 나는 고기를 즐기지 않는다. 구내식당의 고기 요리는 레스토랑이

구내식당에서 가끔 나왔던 송아지고기 와인 조림을 얹은 '폴렌타(옥수수 가루를 끓인 죽이나 빵과 같은 음식)'.

아닌 만큼 특별한 소스 없이 나올 때가 많았다. 그러나 일단 고기를 한 번 삶거나 데친 뒤에 구웠기 때문에 매우 부드러웠다. 돼지갈비와 감자, 콩을 넣어서 졸인 요리는 고기 요리를 그다지 즐기지 않는 나도 먹을 수 있을 만큼 맛이 있다.

〔 피에몬테에서 요리를 공부하다 〕

구내식당이 나를 비롯한 학생들에게 특별했던 이유는 꼭 맛 때문만은 아니었다. ICIF에서는 수업이 매우 타이트하다. 일주일에 한두 번은 아침 8시에 시작한다. 이탈리아 국경일에도 쉬지 않으며 토요일에도 수업하는 날이 많다. 게다가 하루 종일 요리 실습을 하는 날도 적지 않다. 꽉 짜인 일상에서 비상구는 칼로리와 술일 수밖에 없다. 이런 상황이라면 뭘 먹어도 맛이 있을 텐데 수준급의 요리가 나오니 구내식당에 열광하는 것이다.

여기에 구내식당 셰프인 마리오의 캐릭터가 독특했다. 60대 중반인 그는 항상 웃음을 잃지 않는다. 그래서 그는 학교의 코미디언으로 통한다. 한국 학생뿐 아니라 모든 나라 학생이 그를 좋아하고 따른다. 마리오의 인스타그램을 보면, 세계 각국에서 온 학생과 찍은 사진이 빼곡하다 (물론 사진의 주인공은 남성보다 여성이 확실하게 많다).

그는 자신의 요리에 대해서는 자부심이 미슐랭 셰프 뺨친다. 그는 자기가 하는 채소 수프를 '마리오스트로네'라고 한다. 이탈리아식 채소 수프인 '미네스트로네'를 자신의 이름처럼 살짝 바꾼 것이다. 요리하는 모

구내식당 셰프인 마리오의 전매특허인 채소 수프 '마리오스트로네'.

습을 보면 참 쉽게 쓱쓱 만드는데, 맛이 있다.

그런데 그에겐 '테러리스트'라는 별명도 있었다. 음식을 남기거나 메인 요리를 건너뛰면 용납하지 않았기 때문이다. 한국 동기 중 한 명이 한번은 배가 불러서 음식을 남겼는데, "굶고 있는 아프리카 사람들을 생각하라"며 남긴 음식을 포장해주기도 했다. 또 젤라토 코스를 듣던 스위스 출신의 여학생이 메인 요리를 먹지 않으려고 하자 웃으면서 그를 설득해 먹게 하기도 했다.

음식을 많이 남기거나 나처럼 고기를 즐기지 않는 사람은 마리오가 배식대에서 잠깐 자리를 비울 때까지 기다렸다가 얼른 식기를 반납해야 했다. 그러다가 마리오에게 걸리면 이탈리아어로 "왜 음식을 남기느냐"는 지청구를 들었고, 더듬더듬 해명을 해야 했다. 이 희극적 상황은 식사 시간을 유쾌하게 했다.

마지막 과정인 디저트는 어떤 이에겐 식사보다 중요하다. 때마다는 아니지만 젤라토가 자주 나온다. 교과과정 가운데 젤라토 실습 시간이 있기 때문이다. 나도 실습 때 헤이즐넛 젤라토를 만들었다. 3주 과정의 젤라토 코스가 시작되면 끼니마다 젤라토를 먹을 수 있다.

이곳의 젤라토와 젤라토 케이크는 정말 예술이다. 이탈리아의 유명하다는 젤라토 가게를 많이 다녀봐도 ICIF 젤라토처럼 맛있는 걸 먹어본 적이 없다. 무엇보다도 이곳 젤라토는 달지 않다. 젤라토 셰프인 마시모는 "설탕은 단맛을 내기 위해서가 아니라 젤라토 특유의 부드러운 질감을 주기 위해서 사용한다"고 한다.

그래서 초콜릿 젤라토나 딸기 젤라토는 단맛보다 초콜릿 맛이나 딸기 맛이 더 강하다. 레몬 젤라토는 단맛보다 신맛이 난다. 하지만 배합 비율을 보면 설탕이 절대 적게 들어가는 것이 아니다. 레몬즙과 설탕의 질량 차이는 4킬로그램 기준으로 220그램에 불과하다. 정말 오묘한 경계선을 잘 지키는 셈이다.

담장 위를 걷는 듯한 이런 오묘한 균형감은 이 학교의 모든 셰프가 수업 중에 가장 강조하는 가치다. 치즈, 올리브오일, 와인 같은 식재료 강사들도 비슷한 말을 많이 했다. 이런 균형감은 변화무쌍한 음식 트렌드에서 이탈리아 요리가 특유의 전통을 잘 지켜나가는 비결이 아닐까 싶다. 이는 한식에서 이런 균형감은 어떤 것일까라는 화두를 갖게 한다.

6월 초 마스터 과정을 끝내고 학교를 떠나 현장 실습을 나가면, 아마 가장 기억에 남는 곳은 수업을 받던 교실이 아니라 구내식당이 될지도 모르겠다.

첫 번째 맛

스파게티가 전부라고 생각하면 오산이지
파스타

나의 첫 책은 파스타 관련 책이었다. 우연이지만 파스타로 요리를 시작하게 되었고, 이내 재미를 붙여 거의 매일매일 파스타만 만들었다. 그야말로 '파스타홀릭'이었다. 그러다 보니 생각지도 않게 파스타 책을 내고 파스타의 고향인 이탈리아로 요리 유학까지 떠나게 되었다. 그렇지만 이탈리아에 가기 전까지 얼마 동안은 파스타를 거의 만들지 않았다. 10여 년 넘게 파스타를 만들다 보니 '파스타는 뻔하다'는 약간의 매너리즘에 빠져 있었던 것 같다.

하지만 요리를 시작한 지 16년 만에 파스타의 원조인 이탈리아에 가보니 나는 우물 안 개구리였다. 내가 만들었던 파스타는 이탈리아에서 명함도 내밀 수 없는 수준인 건 물론이고, 알고 있었던 파스타는 파스타의 세계에서 1퍼센트도 되지 않았다. 부끄러웠다.

파스타로 갈리는 남과 북

먼저 파스타의 종류가 이탈리아에서 남부와 북부의 것으로 완전히 나뉜다는 사실은 알고 있었지만 내가 알던 것은 막연한 상식이었다. 이탈리아에 가서 보니 남부와 북부의 파스타는 남한과 북한의 음식만큼이나 달랐다. 이탈리아의 남부와 북부는 밀가루로 만든 '파스타'라는 면을 기본으로 한다는 점에서는 같지만 만드는 법도, 파스타를 대하는 자세도 완전히 달랐다.

먼저 말하고 싶은 것은 이탈리아 북부의 레스토랑에서는 우리가 한국에서 주로 먹는 스파게티를 아예 팔지 않는 곳이 많다는 점이다(북부 레스토랑에서는 피자도 팔지 않는다. 그 대신 피자만을 파는 '피체리아'가 따로 있다. 반면 남부에서는 레스토랑 등에서도 피자를 판다).

북부에서는 건면인 스파게티 대신 두 가지 파스타를 주로 먹는다. 하나는 '파스타 프레스카pasta fresca'다. 우리말로 번역하면 '생면'이다(한국에서 주로 먹는 스파게티나 링귀니는 '파스타 세카pasta secca'라고 하는데 우리말로 '건면'이라는 뜻이다). 나머지 하나는 '라비올리'다. 손으로 빚은 만두라고 생각하면 된다.

북부 도시의 작은 식당이나 푸드코트 같은 곳에서는 당연히 싸고 간편한 건면을 내놓는다. 토마토 바질 스파게티나 봉골레 파스타 정도를 메뉴에 올려놓은 레스토랑도 있지만 관광객이나 외지인을 위한 구색 맞추기 성격이 강하다. 외국인들이 많이 찾는 호텔에서도 비슷하다. 하지

〔 스파게티가 전부라고 생각하면 오산이지 〕

이탈리아엔 수백 가지에 이르는 다양한 파스타가 있다.
우리나라 만두와 비슷한 라비올리 역시 크기나 모양이 가지각색이다.

만 북부의 고급 레스토랑에서는 생면 파스타나 리소토를 주로 선보인다.

북부의 생면은 밀가루에 달걀 노른자를 넣고 반죽한다. 그런데 난 한국에서는 생면을 거의 사먹지 않았다. 한국에서 파스타 세카, 즉 스파게티 등을 맛있게 하는 집은 참 많지만 파스타 프레스카, 즉 생면을 잘하는 집은 드물었다(요즘엔 생면을 잘하는 집이 많아졌다). 우리나라의 만두나 수제비에 비교할 수 있는 라비올리나 뇨키도 마찬가지였다. 물론 나도 만들어봤지만 들이는 수고에 견주면 감흥이 떨어지는 건 어쩔 수 없었다.

그런데 이탈리아 북부에서는 생면을 주로 파니, 좋든 싫든 생면을 먹을 수밖에 없었다. 그런데 나는 금세 생면 예찬론자가 되었다. 현지에서 먹었던 생면엔 아주 깊은 맛이 있었던 거다. 이탈리아 현지의 생면은 한국 생면보다 더 꼬들꼬들했다. 생면 특유의 식감에 건면을 먹었을 때처럼 약간 심 같은 게 남아 있는 느낌이었다. 면에 달걀 노른자가 들어가 국수 자체로 맛이 진했다. 건면이 건강한 나물 밥상이라면 생면은 부잣집 잔칫상 같은 느낌이었다. 그리고 생면엔 레드와인이 너무나 잘 어울렸다. 고기를 그렇게 즐기지 않는 나에게 생면 파스타는 레드와인과 먹을 수 있는 요긴한 음식이었다.

특히 화이트 트러플이 나는 가을철에 '타야린' 같은 피에몬테주의 생면 파스타는 환상적인 맛을 선사했다. 화이트 트러플을 넣으면 뭐든 가격이 곱절로 뛰지만 보통 가을철에만 나와서 눈을 질끈 감고 사 먹었다. 먹다 보니 하도 맛이 있어서 트러플 전문 매장에서 커다란 알사탕 크기의 화이트 트러플 한 알을 20유로쯤에 사와서 타야린이나 리소토를 숙소에서 만들어 먹기도 했다. 가난한 이탈리아 유학생이 누릴 수 있는 작은 사치였다. 우리나라에

달걀로 만든 피에몬테 특유의 생면인 '타야린'. 피에몬테에서는 가을철 화이트 트러플이 생산되면 이를 타야린에 올려서 먹는다. 파스타 가격은 30유로쯤 한다.

〔 스파게티가 전부라고 생각하면 오산이지 〕

서는 이 버섯의 가격이 비싼데다 그나마 생물로는 구하기가 쉽지 않다.

북부에는 동네마다 특유의 라비올리가 있다. 나는 시금치와 리코타 치즈를 넣었거나 포르치니 버섯을 넣은 식물성 라비올리를 좋아한다. 특히 토르텔로니의 성지인 볼로냐에서 먹어본 것이 최고였다.

피에몬테의 라비올리인 '플린('아뇰리티'라고도 한다)'도 좋았다. 혹시 맨 처음부터 와인 안주를 의도하고 만든 게 아닐까 하는 생각이 들 정도로 농밀한 고기 맛이 났다. 실제로 피에몬테 와인들과 궁합이 좋다. 북부에서 라비올리는 단순한 끼니를 넘어서 손님상에 내놓거나 명절 때 먹는 귀한 음식이다. 그래서 크리스마스나 정초에 만들어 먹는다. 북부의 이런 문화는 명절 때 가족이 모여 앉아 만두나 송편을 빚는 우리나라의 문화와 닮아서 더욱 정감이 갔다.

우리에게 친숙한 건면도 결코 만만하지 않았다. 일단 건면 파스타에서는 너무 흔한 것을 흔하지 않게 하는 현지의 조리 기술에 많이 놀랐다. 스파게티 국수의 끝을 붙여 원기둥 모양으로 접시에 담거나 파스타를 동그란 지구처럼 만드는 등 정말 기기묘묘한 조리법을 이탈리아에서 많이 봤기 때문이다. 이탈리아 셰프들은 요리를 빤하지 않게 만드는 재주가 있는 것 같다.

똑같은 파스타는 하나도 없다

게다가 파스타의 모양이 지역마다 다르다고 알고 있었는데 이탈리아에 가보니 20개 지역뿐 아니라 도시마다 달랐다(이탈리아는 20개의 주('지역'이라고도 한다)와 107개의 현('도'라고도 한다)으로 이루어져 있다. 내가 다니던 학교는 '피에몬테주 아스티현 코스티리올레다스티 코뮤네'에 있었다. 아스티가 '현' 혹은 '도'로 불려서 '코뮤네commune'는 '시'로 번역해야 하지만, 코스티리올레다스티의 인구가 5,700명에 불과해 우리나라의 면이나 읍과 비슷한 크기다. 그래서 '마을'쯤으로 번역하면 적절하다).

가령 시칠리아의 작은 항구도시인 트라파니에서 먹었던 '부자테 파스타'가 기억난다. 수제비를 얇게 펴 돌돌 말아놓은 것 같은 모양이었는데 찰기가 보통이 아니었다. 귀국할 때 부자테를 사와서 지인들에게 파스타를 해주었는데 신기한 형상과 독특한 질감에 모두 놀라는 눈치였다.

같은 시칠리아에 있는 팔레르모의 파스타인 '아넬로'도 생각난다. '아넬로anello'는 '반지'라는 뜻의 이탈리아어인데 이 파스타가 반지처럼 동그랗게 생겨서 붙은 이름이다. 주로 이걸 오븐에 구워서 내놓는다. 역시 레드와인 안주로 잘 어울린다.

북부에서 파스타가 잔치 음식이라면

시칠리아 서부의 항구도시인 트라파니 고유의 파스타인 '부자테'. 용수철 모양으로 생겨 쫄깃한 식감이 일품이다.

〔 스파게티가 전부라고 생각하면 오산이지 〕

남부에서는 주식의 개념이 강하다. 밀과 해산물이 풍부한 이 지역에서는 파스타가 배고픔을 해결해주는 최고의 음식이었다. 그래서 '악마의 열매'로 불리던 붉은 토마토로 소스를 만들기 시작한 곳도 이곳이었다. 최초로 기록된 토마토소스의 이름은 '스페인식 소스'였다. 이탈리아에 토마토를 전해준 이들은 남미를 침략했던 스페인 사람들이었기 때문이다.

그래서 북부의 파스타가 손칼국수나 만둣국처럼 푸근한 느낌이라면 남부의 파스타는 휘몰아치는 느낌이다. 상큼한 올리브오일과 토마토소스에 버무린 파스타 한 그릇은 남부의 태양만큼이나 뜨겁다. 파스타 한 그릇을 맛있게 만들기 위해 그들은 남미의 파스타와 고추, 푸른 바다의 해산물을 아낌없이 넣었다.

더 좋은 건 와인을 한 잔이나 한 병이 아니라 반병을 4~5유로쯤에 판다는 사실이었다. 솔깃한 가격이었다. 지중해의 짙푸른 바다를 보며 뜨거운 파스타에 상큼한 레몬 맛의 화이트와인을 곁들이면 이탈리아 여행은 특별한 기억으로 남을 수밖에 없다.

하지만 남부의 푸짐한 음식 인심은 고대 그리스 시대부터 1861년 이탈리아가 통일될 때까지 끊임없이 주변국의 지배를 받아야 했던 남부 이탈리아인들의 세계관이 반영된 것일 수도 있다. 강도 같은 이방인 수탈자에게 모든 것을 빼앗길 바에는 오늘을 즐기자는 허무주의 말이다.

이들은 프랑스와 스페인의 지배를 받았을 때 조세 저항으로 폭동을 빈번하게 일으켰지만 무참히 진압당했다. 남부인들은 폭정을 피해 북부 이탈리아로 야반도주를 했다. 19세기 후반 이탈리아에서 500만 명 넘게 미국으로 이민을 갔는데 그중 70퍼센트는 남부인들이었던 것도 같은 이유에서였다. 지금도 남부 소도시들은 거리가 동남아시아나 북아프리카의 거리를 걷는 듯한 느낌을 줄 정도로 낙후되어 있다.

〔 스파게티가 전부라고 생각하면 오산이지 〕

'간단하면서도 복잡한'

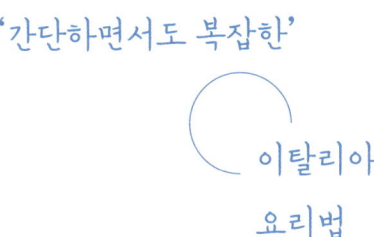
이탈리아
요리법

이탈리아 요리엔 장점이 많다. 이탈리아에서 만난 많은 셰프가 이탈리아 요리를 "간단하면서도 복잡하다"고 말한다. 실제로 그 균형이 근사할 정도로 잘 잡혀 있다. "평범해 보이지만 사실은 비범하다" 정도로 해석되는 이 말은 이탈리아 요리의 절대 강점을 압축하고 있다.

하지만 이탈리아 요리에는 한국 사람이 쉽게 이해하기 어려운 대목도 분명히 있다. 그 탓에 나는 ICIF에서 혹독한 신고식을 해야만 했다. 이해가 안 되니까 계속 실수했고 열 살도 더 어린 이탈리아인 셰프에게 매일같이 깨져야 했다. 물론 기자

출신인 내가 요리에 능숙하지 않은 탓도 있지만 내가 지적당하는 이유는 꼭 숙련도만의 문제가 아니었다.

가장 많이 받은 지적은 내 음식이 싱겁다는 거였다. 소금 간이 안 돼 있어 요리에 성의가 없다는 말까지 들었다. 나는 고혈압이 집안 내력이어서 한국에선 김치도 잘 먹지 않았다. 소금 대신 레몬즙이나 식초를 사용하고, 집 된장이나 집 간장을 썼다. '건강 레시피'라고 자부하던 내 조리 방식이 이탈리아에서는 그저 비난의 대상일 뿐이었다.

이탈리아 셰프들은 짜지 않으면 이탈리아 요리가 아니라고 힘주어 말하는 거 같다. 학교 식당이나 수업에서 파스타를 삶을 때 면수에 넣는 소금의 양을 보면 다들 놀랄 것이다. 거의 1~2킬로그램짜리 소금 한 통을 면수에 다 넣는다. 30~40인분의 파스타를 만들기는 하지만 엄청난 소금양이다. 이탈리아인들은 소금 장수의 후예가 아닌가 하는 의심이 들 정도다.

그래서 내 한국 동기들은 일부러 간을 짜게 했다. 혀가 저릿저릿할 정도로 소금을 넣는다. 그런데 반응은 나쁘지 않았다. 셰프들은 그들의 요리를 맛있다고 칭찬해줬다. 나도 소금을 팍팍 치면 간단한 일인데 소금을 치는 것에 오랫동안 거부감을 갖고 있었기 때문에 그게 쉽지 않았다. 그 덕분에 머리와 손이 따로 노는 자기분열을 경험해야 했다.

결국 나는 '이탈리아에서 음식을 할 팔자가 아닌가'라는 절망의 늪에서 허우적거려야 했다. 3개월 동안 이루어지는 학교 수업을 마치면 나는 8개월 동안 현장 실습을 해야 했다. 스테이크 같은 메인 접시는 만들지 않더라도 이탈리아 사람들 입맛에 맞는 샐러드나 파스타, 리소토를 만들 줄 알아야 한다.

소금 간은 그래도 낫다. 두 번째 지적은 내가 영원히 극복하지 못할 것이다. 바로 고기를 익히는 정도였다. 이탈리아에서는 소고기뿐 아니라 우리가 푹 익혀 먹는 돼지고기나 오리고기도 피가 뚝뚝 떨어지는 '알 상궤al sangue'로 요리해야 한다. 한국인이 좋아하는 안쪽만 살짝 빨갛게 보이는 미디엄 웰던이면 셰프는 고기에 손도 대지 않았다. 셰프가 만든 접시를 보면 고기가 겉만 살짝 익고 속은 사실상 안 익은 상태다.

소고기나 양고기는 익지 않아도 먹을 만했지만 돼지나 오리에서는 고기 냄새가 심하게 느껴졌다. 그나마 닭이나 토끼엔 '알 상궤'를 요구하지 않아서 다행이었다. 피가 뚝뚝 떨어지는 고기를 많이 먹어보면 익숙해지겠지만, 불행하게도 나는 구운 고기는 즐겨 먹지 않는다. 나는 만두나 김치찌개에 들어 있는 삶은 고기만, 그것도 조금 먹는다. 구운 고기를 먹지 않은 지는

오리 가슴살 요리인데 고기가 겉만 익었다.
한국에서는 큰일 날 요리지만 이탈리아에서는
이 상태가 표준이다.

15년쯤 된다. 그런 나보고 피가 뚝뚝 떨어지게 고기를 구우라고 요구하다니.

간도 못 맞추고 이탈리아 요리의 핵심인 고기도 못 구우니, 나의 이탈리아 요리 유학은 고생길을 예약해놓은 것과 마찬가지였다. 이런저런 이유로 깨지다 보니 나는 한국이 그립고 한국 음식만 찾는 향수병에 걸렸다. 이탈리아에 온 지 꼭 한 달 만의 일이었다. 특히 물냉면이 너무 먹고 싶었다. 그래서 학교 주변의 도시를 돌아다니며 한국의 인스턴트 냉면을 찾았지만 허사였다. 냉면을 대신해 아시안 마켓에서 비빔라면인 '팔도 비빔면'을 사와야 했다. 고등학교 이후 '팔도 비빔면'을 내 손으로 사본 것은 처음이었다.

그렇지만 나의 향수병을 치료한 것은 비빔라면이 아니라 이탈리아 음식이었다. 학교 주변에 있는 미슐랭 레스토랑에서 식사를 하면서 나를 곤혹스럽게 만들었던 소금 간의 비밀을 어렴풋이 알게 됐다. 학교 주변 도시인 아스티와 알바는 세계 3대 레드와인 생산지로 손꼽힐 정도로 와인이 유명한 곳이다. 따라서 괜찮은 레스토랑에서는 코스별 요리마다 와인이 나온다.

　그런데 신기하게도 이 음식들을 와인과 함께 먹으면 짠맛이 아니라 탄탄한 맛이 느껴졌다. 풍미가 좋은 소고기 육수나 해산물 육수를 뽑아 만든 요리의 짠맛은 숙성이 잘 된 와인과 찰떡궁합이었다. 유럽인들은 오랫동안 석회가 많은 물 대신 맥주나 와인을 마셔왔다. 따라서 이런 술과 먹는 음식은 적당한 풍미가 필요하다.

　그래서 서양에서는 다양한 육수와 치즈, 버터 등의 유제품을 이용한 소스가 발달했다. 우리나라의 김치가 다양한 젓갈에 해물을 넣는 쪽으로 점점 발달해온 것처럼 말이다. 이렇게 이해가 되니 소금 간이 전보다 과감해질 수 있었다. 요리에 대한 자신감도 회복할 수 있었고 향수병도 자연스럽게 치료됐다.

　그러나 피가 뚝뚝 떨어지는 오리고기나 양고기는 이탈리아에 머무는 동안 극복하지 못할 것 같았다. 거기다 내가 있는 이탈리아 북부는 전통적으로 고기 요리가 발달한 곳이다. 학

〔 피에몬테에서 요리를 공부하다 〕

이탈리아 북부의 피에몬테에서는 토끼 간을 버터에 볶아 초콜릿 머랭 사이에 끼워 마카롱으로 즐긴다.

교 레시피의 3분의 2 이상은 고기 요리였다. 이곳에서는 한국에서만큼이나 다양한 고기를 먹는다. 소의 뇌도 먹고 닭 벼슬도 먹는다. 한국에서는 잘 먹지 않는 토끼도 상당히 즐겨 먹는데, 고기뿐 아니라 간은 물론이고 심장이나 신장도 먹는다. 토끼 간을 마카롱에 넣어 먹을 정도다.

고기를 즐기지 않는 나는 학교에서 배우는 레시피에서 절반 정도만이라도 해물 요리와 채식 요리가 있으면 좋겠다는 아쉬움이 든다. 그래서 나는 학교에서 고기를 팬이나 오븐에 구울 때마다 고기 대신 새우 같은 해산물이나 콜리플라워, 토란 같은 채소를 끼워 넣는 나만의 레시피를 상상한다. 일종의 현실 회피지만 이런 시도가 내게 요리에 대한 생각의 폭을 넓히는 자양분이 될 것이라고 믿고 싶다.

두 번째 맛

작지만 훌륭한 맛의 성과
젤라토

누가 나에게 "이탈리아 음식 가운데 가장 맛있는 게 뭐였어?"라고 묻는다면 나는 선뜻 대답하지 못한다. 워낙 맛있는 음식이 많아서다. 그래도 대략 꼽아보자면 와인, 프로슈토, 치즈, 생면 파스타, 올리브오일, 젤라토, 이탈리아 전통 빵 등이다. 그렇지만 만약 "네가 한국에서 이탈리아 음식으로 사업을 한다면 뭘 할래?"라고 묻는다면 나는 고민 없이 바로 대답할 수 있다. "젤라토!"라고.

ICIF엔 젤라토 코스가 따로 있다. 내가 등록했던 이탈리아 요리를 배우는 마스터 코스처럼 전 세계에서 이탈리아 젤라토를 배우러 온다. 그런데 이 코스가 열리는 동안 다른 코스를 수강하는 학생들은 정말 즐겁다. 구내식당에서 매일 점심과 저녁에 젤라토가 디저트로 나오기 때문이다. 젤라토는 한 종류가 아니라 4~5가지 종류였고 늘 새로운 맛이었다. 젤라토 케이크도 참 기억에 남는 맛이었다.

나는 이 수업을 듣던 대만 친구 안드레아와 친했는데 그는 수업이 끝나면 늘 새로운 젤라토를 나에게 먹을 수 있게 해주었다. 안드레아는 20대 초반으로 고등학교를 졸업하고 대만에서 몇 년 경험을 쌓은 뒤 이탈리아로 요리 유학을 온 친구였다. 이 친구는 나보다 몇 년 전에 내가 ICIF에서 듣던 요리 코스인 마스터 과정으로는 특이하게 이탈리아 북부의 피자집에서 1년간 인턴을 했다.

보통 ICIF의 졸업생들은 미슐랭 인증을 받은 정통 이탈리아 레스토랑에서 연수하기를 원한다. 그런데 안드레아는 연수 장소로 '피자집'이라는 특이한 선택을 했다. 그리고 인턴 기간이 끝난 뒤 대만으로 돌아갔다가 다시 학교에 와서 젤라토를 배우고 있었다. 코스를 마친 후에는 또다시 젤라토 가게에서 인턴을 경험할 계획이었다.

안드레아는 학교 과정과 실습이 끝난 뒤 고향으로 돌아가기보다는 이탈리아 현지에서 계속 다양한 경험을 쌓고 싶어 했다. 나는 한국에 귀국한 뒤에도 가끔 SNS에서 그의 근황을 보는데 그는 코로나19가 한창 유행이었던 2020년 여름에도 여전히 이탈리아에 머물고 있었다.

솔직히 이탈리아에서 내 체력의 한계를 실감했던 나는 안드레아의 젊음과 열정이 부러웠다. 알고 보니 그는 부모님이 대만에서 음식점을 하고 있었다. 대를 이어 레스토랑을 운영하기 위해 다양한 경험을 하고 있었던 것이다. 안드레아는 어쩌면 대만에서 가장 통할 음식이 피자와 젤라토라고 생각했는지도 모르겠다.

〔 작지만 훌륭한 맛의 성과 〕

맛 이상의 경험을 선사하는 디저트

이탈리아에서 접했던 젤라토는 여러 가지로 나를 놀라게 했다. 첫 번째는 전혀 어울리지 않을 듯한 것들을 조합해 인지적 쇼크를 주었다. 학교에서 먹었던 젤라토 가운데 내가 "이런 젤라토도 있어!"라고 감탄했던 것이 '고르곤졸라 젤라토'였다. 고르곤졸라는 롬바르디아의 냄새 나는 푸른곰팡이 치즈다. 사람에 따라 고약하게 느낄 수도 있는 향기의 치즈로 젤라토를 만들었다는 것부터가 놀라웠는데 그 맛 또한 범상치 않았다.

원래의 강한 향은 사라지고 이 치즈의 장점인 부드러움과 맛난 향만이 올라왔다. 안드레아에게 레시피를 물어보니 꿀로 고르곤졸라의 강한 냄새를 잡아준다는 것이었다. 다크초콜릿 젤라토도 놀라웠는데 퐁당 오 쇼콜라(프랑스와 미국에서 유래한 초콜릿 케이크 디저트)를 먹는 기분이 들 정도로 초콜릿이 농밀했다. 그런데도 아이스크림의 질감은 그대로 가지고 있었다.

이탈리아의 어느 도시에 가나 유서 깊은 젤라토 가게가 있다. 젤라토 값이 비싸지도 않다. 2~3유로면 가볍게 먹을 수 있다. 시칠리아에서는 브리오슈에 젤라토를 넣어줬던 게 기억에 남는다. 젤라토도 인상적이었지만 브리오슈가 맛있어서 놀랐다. 빵의 천국 시칠리아다웠다. 가격에 견줘 엄청난 양을 주는 것도 기억에 남는다. 시칠리아는 아랍에서 처음 즐긴 젤라토를 이탈리아로 퍼뜨린 곳이다. 피렌체나 토리노에 나

시칠리아 팔레르모의 젤라토.
북부와 달리 콘이나 종이컵이 아닌
브리오슈에 젤라토를 내준다.
빵에 초콜릿 젤라토를 깔고
피스타치오 젤라토를 얹어
푸짐하게 준다.
가격은 2~3유로로 너무 착하다.

    비넥타이를 맨 사람들이 커피를 파는 카페가 있듯이 시칠리아에는 나비넥타이를 맨 사람이 젤라토를 파는 카페도 있다.

    또 이탈리아의 젤라테리아에서는 젤라토뿐 아니라 커피는 물론이고 가벼운 칵테일을 팔기도 한다. 토리노에는 '그롬'이라는 젤라토 체인점이 있는데 이 집에서는 인공감미료나 색소 혹은 글루텐을 쓰지 않는다는 모토를 내걸고 있다. 이곳에서는 매월 '이달의 메뉴'를 내놓는데 나는 그 메뉴가 궁금해 매번 도전해보았다.

    2020년 연말 메뉴는 이탈리아 북부의 크리스마스 케이크인 '파네토네'를 젤라토로 만들어서 판매하고 있었다. 레몬 껍질과 건포도를 넣어 만든 케이크를 어떻게 젤라토로 구현했을지 상상이 가지 않는다. 그래서 나는 젤라토를 단순히 맛있는 주전부리 정도가 아니라 이탈리아에서만 느낄 수 있는 문화적 경험으로까지 높게 평가한다.

더 놀라운 건 젤라토의 자기자본수익률이었다. 인풋 대비 아웃풋이 너무 훌륭했다. 레시피의 비율에 따라 재료를 넣으면 30분도 채 되지 않아 멋진 젤라토를 완성할 수 있었다. 놀라웠다. 요리에서는 정말 아침부터 밤까지 재료를 다듬고 씻어서 하루 종일 준비해도 조리할 때 삐끗 실수하면 모든 것을 망친다. 그래서 주방에서는 살얼음을 걷는 듯한 긴장이 지속된다. 들이는 노력에 견줘 성과물은 늘 불안하기 마련이다. 상황이 꼬이면 셰프나 스태프들이 신경질적인 반응을 보이는 것도 어찌 보면 당연하다. 그래서 레스토랑의 주방은 하루하루가 전쟁터다.

그런데 젤라토는 경이로운 성과물을 보여준다. 무엇보다도 아침 9시부터 그다음 날 새벽 1시까지 주방에서 일하지 않아도 된다는 것만으로 젤라토는 나를 유혹하기에 충분했다. 만약 내가 선배이자 친구인 안드레아처럼 또다시 이탈리아로 요리 유학을 간다면, 나도 그처럼 젤라토 코스를 선택할지도 모른다.

음식처럼 다양한 이탈리아

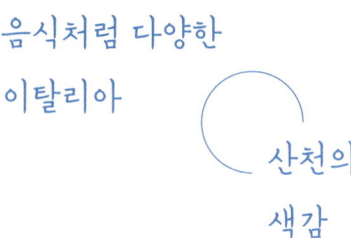

산천의 색감

이탈리아는 사람을 깜짝깜짝 놀라게 한다. 좋은 의미로든 나쁜 의미로든 말이다. 이탈리아에서 내가 가장 놀랐던 것은 음식도 문화재도 잘생긴 남녀도 아니다. 하늘이다. 북위 40도가 훨씬 넘는 위치인데도 이탈리아 하늘은 남태평양의 외딴섬에서 보는 하늘만큼이나 파랗다. 비도 잘 오지 않는데 멋진 흰 구름이 유유히 흐른다.

3월 초 이탈리아에 처음 도착했을 때, 한국의 미세먼지 농도는 200마이크로그램을 넘을 정도로 최악이었다. 떠나오기 전 서울에서 하루도 미세먼지와 초미세먼지를 걱정하지 않았던 날이 없을 정도였다. 그런데 이탈리아에 도착해보니 투명해 보일 정도로 파란 하늘이 펼쳐져 있었다. 안도감을 넘어선 경이로움을 느꼈다.

그래서 서울에서는 하늘 볼 일이 없었지만 이탈리아에서는 날마다 하늘을 보게 됐다. 이탈리아에서 종교가 발달한 것도 무리가 아니라는 생각이 든다. 이렇게 하늘을 자주 보다 보니 하늘이 파란 정도에 따라 여러 빛깔이 있다는 것도 알게 됐다. 마치 사하라사막에 사는 사람이 수십 가지 모래 색깔을 구분하듯 말이다.

비가 온 다음 날, 맑게 갠 하늘은 파랗다 못해 눈이 시릴 정도다. 이럴 때 ICIF 기숙사 뒷산에 올라가면 눈 덮인 알프스를 볼 수 있다. 매번 볼 수 있는 것은 아니지만 그래도 비가 온 다음 날에는 기대하며 꼭 기숙사 뒷산을 오른다.

비 온 다음 날엔 하늘만 아름다운 것이 아니다. 햇빛도 장관이다. 햇빛이 닿는 모든 곳이 반짝거린다. 그게 건물이든 나무든 빨래든 말이다. 그 모든 풍경이 포토샵을 거친 것처럼 보인다. 우리가 알고 있는 가시광선은 이탈리아에선 그 폭이 훨씬 더 확장된 느낌이다.

가시광선의 후광 덕분일까? 내 시선도 제법 감성적으로 변

〔 피에몬테에서 요리를 공부하다 〕

날씨가 좋으면 기숙사 뒷산에서 저 멀리 눈 덮인 알프스가 보인다.

한다. 기숙사에서 학교로 가는 길에 미루나무들이 길게 늘어서 있다. 그런데 가끔 이 나무들이 햇빛을 역광으로 받아 반짝거리는 모습을 보고 있노라면, 나도 무언가를 표현해서 이 장면을 누군가에게 보여주고 싶다는 생각이 들 정도다. 목사를 지망했던 고흐가 프랑스에서 햇빛에 반짝이는 풍경들을 보고 화가로 변신한 것처럼 말이다.

이탈리아가 미술·음악·패션 등 예술이 발달한 이유는 햇빛 때문이 아니었을까 생각한다. 이탈리아 사람들은 옷을 참 잘 입는다. 젊은 사람은 물론 나이 든 사람도 참 멋지게 입는다. 나이 든 남자가 청재킷이나 가죽옷을 입고 스니커즈를 신고 다니는 모습을 보면 근사하다.

나이 많은 사람이 쓰는 돋보기테도 우리나라에서처럼 천편일률적인 색깔이 아니라 빨간색, 하얀색, 초록색으로 다양하다. 안경테와 신발 또는 단추까지 색깔을 맞춘 노신사를 보면 이탈리아 사람들은 알록달록한 앵무새와 같은 유전자를 공유하고 있는 것이 아닐까 생각될 정도다.

음식도 마찬가지다. 이탈리아 음식만큼 색감이 중시되는 음식은 드물다. '악마의 과일'이라고 하는 토마토를 밥과 국수에 넣은 것도 이탈리아 사람들이다. 시뻘건 피자도 그들이 처음 만들었다.

쌀로 만든 리소토에 금박을 처음 올린 사람도 그들이다. 얇게 편 금으로 금박을 만들어 식사 때마다 먹던 오스만제국 술

학교와 기숙사를 잇는 길에 서 있는 미루나무.

탄의 밥상을 현대적으로 재해석한 사람도 이탈리아 요리사다. 이런 파격은 생선회에 금가루를 뿌리는 방식으로 한국에 소개됐다.

이탈리아가 서양 문명의 핵심인 권력분립과 법치주의의 토대를 만든 것은 전체보다는 개인 등 개체를 중시하는 전통 때문이다. 개별을 강조하는 전통은 모든 사물을 낱낱이 밝게 비춰주는 햇빛의 영향은 아니었을까?

그 덕분에 이탈리아는 19세기까지 수많은 도시국가로 이루어져 있었다. 심지어 영국과 프랑스가 절대주의 왕정을 세워 식민지 침략에 나설 때도 이들은 지역주의를 고집했다. 지금도 이탈리아 사람들은 "우리에게 이탈리아는 축구(특히 월드컵)할 때만 존재하는 나라고, 우리에겐 20개 지역만 있을 뿐"이라고 말한다.

한 국가든 20개 지역이든 이탈리아의 하늘은 하나다. 이 좋은 날씨에 산책을 안 다니려야 안 다닐 수가 없다. 내가 자주 산책한 곳은 기숙사 뒤의 포도밭이었다. 날마다 포도밭을 걷다 보니 포도나무의 성장을 나도 모르게 사진으로 기록하게 됐다.

3월 초 기숙사에 왔을 때 포도나무들은 가끔 서리를 뒤집어썼고 마른 가지가 전부였다. 하지만 5월 말엔 무성하게 잘 자라 꽃을 피울 준비를 하고 있었다. 곧 풍성하게 포도가 맺혔을 테지만 나는 이를 보지 못했다. 현장 실습을 위해 이탈리아 어딘가에 있을 레스토랑으로 떠나야 했기 때문이다. 아쉬운 일이다.

[피에몬테에서 요리를 공부하다]

포도밭은 그 자체로 볼 만하다. 포도밭의 고랑과 고랑 사이에는 콩 등 여러 풀을 심는다. 콩이 자라면 이걸 갈아엎는다. 콩의 뿌리혹박테리아가 가진 영양분을 포도에게 주려는 것이다. 유럽연합EU의 '원산지 보호 인증(와인은 DOC, 그 외 식품은 DOP)'을 받기 위해서는 포도밭에 화학비료는 물론이고 인공적으로 물을 주어서도 안 된다. 오로지 자연적인 강수량과 영양분에 의존해야 한다. 어떻게든 결과를 내야 하는 미국식 사고방식에 익숙한 우리에게는 참 낯선 재배 방식이다. 그런데도

학교 뒤 포도밭에는 포도뿐 아니라 장미와 양귀비가 만발해 산책의 즐거움을 더해준다.

이 포도밭에서 자라는 바르베라와 모스카토는 달콤새큼한 포도주가 된다.

포도나무 고랑의 처음과 끝에는 키가 큰 장미를 심는다. 그래서 포도밭은 장미 화원처럼 아름답지만 이 장미는 장식용이 아니다. 장미는 병충해에 매우 민감하기 때문에 포도에 미치는 악영향을 먼저 알려주는 파수꾼 노릇을 한다. 세상에서 가장 아름다운 파수꾼인 셈이다. 장미 말고도 포도밭 주변으로 3~4월엔 민들레, 토끼풀, 제비꽃이 지천이었다가 5월엔 빨간 양귀비가 피었다. 모네와 마네의 그림에서 보던 양귀비밭이 학교 뒷산에는 어디든 펼쳐져 있다.

강렬한 햇빛은 강렬한 석양으로 마무리된다. 낮의 강렬한 햇빛은 밤엔 그만큼 짙은 어둠을 만든다. 수업이 끝나고 기숙사로 돌아올 때, 짙은 어둠과 강렬한 석양의 보색대비는 한국에 있는 가족 생각이 저절로 나게 했다.

내가 있었던 곳엔 산이 많았기 때문에 해가 떨어지면 금세 추워지고, 쌀쌀한 날씨는 이런저런 생각이 꼬리를 물게 했다. 밤마다 맥주잔이나 와인잔을 기울이는 까닭이다. 빛과 어둠, 이탈리아 하늘이 가지고 있는 양면성이다.

2장

'자작나무'와의 인연이 시작되다

졸업을 한 달 앞둔 5월 초부터 ICIF 학생들은 바쁘다. 5월 말 졸업과 함께 현장 실습을 나갈 레스토랑을 찾아야 하기 때문이다. 길면 8개월을 머물러야 하는 레스토랑을 선택하는 일은 10주가량 이어지는 학교생활보다 어쩌면 더 중요하다.

이탈리아를 비롯해 세계 어느 나라나 요리 교육은 사실상 스승과 제자의 관계로 이루어지는 도제제도에 바탕을 두고 있다. 이탈리아에서 어떤 셰프를 만나느냐에 따라 자신의 요리가 달라질 수 있다.

학생들이 인턴 근무 레스토랑을 결정하는 경로는 크게 세

가지다. 하나는 유명 셰프가 학교 수업에 특강하러 올 때다. 대부분 셰프들은 학생들에게 자신의 요리 철학과 최신 이탈리아 음식의 트렌드를 강의한다. 이때 각 셰프의 개성이 확연하게 드러난다. 셰프마다 정말 다르다. 같은 메뉴는 하나도 없으며 같은 방식의 요리도 없었다. 어떤 셰프는 전통을 강조하는 반면 어떤 셰프는 최신 트렌드를 뽐낸다. 학교 수업 중에서 가장 재미있던 시간이었다.

셰프들은 세계 각국에서 온 학생들 앞에서 자신만의 개성과 철학이 묻어나는 요리를 코스로 내놓는다. 이런 과정을 보면서 학생들은 초청 셰프의 요리가 자기가 배우고 싶은 요리와 비슷하다고 생각하면 학교를 통해서 혹은 셰프에게 직접 지원 의사를 밝힌다. 셰프가 승낙하면 그 레스토랑의 인턴으로 가는 것이다. 한국인 동기 8명 가운데 3명이 이런 과정을 거쳐 미슐랭 1스타 레스토랑에 인턴으로 나갔다.

두 번째는 특강이 아니라 정규 수업의 초청 강사로 오는 셰프를 만나는 경우다. 학교는 파스타, 제빵, 초콜릿, 생선 요리, 피자 등 다양한 분야에서 셰프를 초청한다.

마지막은 이미 한국 학생을 받아본 적 있는 레스토랑을 학교나 한국인 통역 선생님이 연결해주는 방식이다. 한국 학생 한 명과 일본 학생 한 명이 미슐랭 2스타 레스토랑에 이렇게 인턴을 나갔다.

학생들이 무조건 미슐랭에서 별을 받았는지 중시하는 것

은 아니다. 좋은 경력을 쌓기 위해서는 명성도 중요하지만 레스토랑의 위치 혹은 숙소 조건도 고려 대상이다. 여학생들에게는 대중교통으로 쉽게 접근할 수 있는 레스토랑인지도 중요했다. 매번 시내에 나갈 때마다 비싼 택시를 탈 수는 없는 일이었다.

그래서 우리는 5월부터 부지런히 학교 주변의 레스토랑을 다녔다. 음식도 맛보고 주방도 보고 숙소도 점검해야 하기 때문이다. 생각해보면 이때가 가장 행복한 시간이었다. 학교가 미리 셰프에게 연락해준 덕분에 우리는 특별한 가격에 음식과 와인을 즐길 수 있었다. 5~6만 원으로 미슐랭 레스토랑의 음식을 풀코스로 맛보고, 한국에서는 꽤 값나가는 바롤로나 바르베르스코 같은 레드와인도 이때 부담 없이 마셔볼 수 있었다.

그러나 나에겐 인턴 레스토랑을 고르는 일이 쉽지만은 않았다. 이탈리아에 올 때 나는 채식 또는 해산물 요리를 배우겠다는 포부를 가지고 있었다. 한국에서는 아직 낯설지만 미국과 독일 등지에서는 채식 요리가 발달했기 때문에 비슷한 문화를 가진 이탈리아에서도 이런 트렌드를 배울 수 있으리라 생각했다. 하지만 이탈리아에서는 기대와 달리 채식이 보편화되지 않았다. 오히려 한국에서보다도 찾아볼 수 없는 것 같았다. 실습 레스토랑을 추천해주는 학교 담당자인 엘리자는 "미안해,

가브리엘(내 세례명이자 이탈리아 이름). 이탈리아 사람은 채식을 좋아하지 않아"라고 말했다.

해산물 레스토랑은 시칠리아나 풀리아 같은 이탈리아 남부에서 발달했는데 이곳에 가려는 나를 학교에서 만류했다. 실습을 시작하는 6월부터 이 지역 레스토랑은 새벽 2~3시까지 영업하기 때문에 나이가 많은 내가 견디기 어려우리라는 우려에서였다. 여름 성수기가 끝나는 10월 이후에 가는 것이 좋으니 그때까지 학교에서 운영하는 레스토랑인 '바르베라'에서 일할 것을 권했다.

나이와 체력을 문제 삼는 학교에 발끈하고 싶었지만, 학교 수업도 힘들어하는 나의 저질 체력은 부정할 수 없는 사실이었다. 하지만 인턴들로 꾸려지는 학교 레스토랑은 대안이 되지 못했다. 학교 레스토랑의 메뉴는 수업 과정과 거의 비슷했다. 참치로 속을 채운 송아지고기, 완두콩 크림 리소토 등은 이미 여러 차례 만들어서 새로울 것이 없었다.

결국 졸업을 코앞에 둔 5월 말에도 동기 대부분이 실습 장소를 결정했는데 나만 결정하지 못했다. 시간은 없고 선택지는 좁아져서 마음이 급해질 수밖에 없었다. 고작 3개월 동안 이루어지는 학교 수업만 듣고 한국으로 돌아갈 수도 있는 상황이었다.

초조해하는 나를 구원해준 것은 수업 시간이었다. 기계가 아닌 손이나 칼로 빚는 특이한 파스타들을 만드는 시간이었다. 이 가운데 제노바가 있는 리구리아주 산골의 파스타가 내 관심을 끌었다. 면을 손으로 계속 비벼서 양 끝을 기다란 고깔 모양으로 만드는 '트로피에'라는 파스타였다. 강원도의 올챙이국수를 연상하게 하는 파스타였는데, 기계로 만들던 생면 파스타와는 달리 구수한 맛이 일품이었다.

나는 이날 세 가지 파스타를 만들었는데 파스타 이름도 지역 사투리를 써서 독특했을 뿐만 아니라 맛도 특색이 있었다. 이탈리아 전통 요리의 저력을 다시 한번 느꼈던 순간이다.

이날 강의를 했던 초청 셰프는 프랑코였는데 그는 이미 이탈리아 각 지역의 전통 디저트와 생면 파스타 강의를 한 바 있다. 첫인상

> '트로피에'는 손으로 비벼서 만드는 토속적인 파스타인데 이탈리아에서 먹어본 매우 인상적인 음식 가운데 하나였다.
> 이 파스타 덕분에 나는 인턴 레스토랑을 결정할 수 있었다.

〔 레스토랑에서 인턴으로 일하다 〕

내가 인턴 실습을 했던 이탈리아 레스토랑 '라 베툴라'의 모습.
2층 발코니가 있는 방이 내 숙소이고, 1층은 주방이다.
알프스와 가까운 국립공원 옆에 있어 여름에도 눈 덮인 산을 볼 수 있었다.

은 딱딱해 보이지만 친절하고 자상해서 학생들에게 인기가 있었다. 무엇보다 그는 생면 파스타 수업 시간에 내가 만든 음식에 "브라보!"라고 격려해줬던 몇 안 되는 셰프 가운데 한 사람이었다. 이탈리아 각 지역의 빵과 파스타를 많이 알고 있는 그에게서 이탈리아의 음식 문화를 배울 수 있겠다는 생각이 들었다.

수업이 끝나자마자 나는 프랑코에게 가서 인턴을 하게 해달라고 요청했다. 그 역시 나를 좋게 보았는지 그 자리에서 수락했다. 한 달가량 계속됐던 고민이 너무 쉽게 풀리는 순간이었다. 그렇게 나는 6월 첫 주부터 토리노 인근 자베노에 있는 '라 베툴라('자작나무'라는 뜻)'에서 인턴 생활을 시작했다.

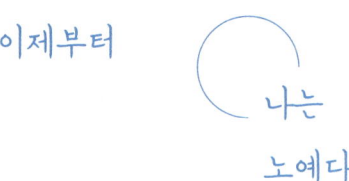

이제부터 나는 노예다

"지금은 학생이지만, 학교를 졸업하고 레스토랑에서 인턴을 하는 순간부터 여러분은 모두 노예다."

졸업을 코앞에 둔 5월 말, ICIF에서 와인을 가르친 에지오가 웃으면서 한 말이 당시에는 농담인 줄 알았다. 40대 후반인 그는 괴팍한 천재를 떠올리게 하는 사람이었기에 그저 우리를 웃기려고 하는 말이려니 했다. 하지만 그의 말은 어느 정도 사실이었다.

6월 4일부터 시작한 인턴 생활은 자는 시간을 빼고는 대부분 일해야 했다. 아침 9시에 시작한 일은 밤 12시에 끝났고, 토

인턴이 된 지 사흘 만에 주말도 아닌 평일 저녁,
단체 손님 50명이 왔다.
비어 있는 흰 접시는 인턴인 나에겐 공포 그 자체였다.

요일에는 새벽 1시가 돼서야 일을 마쳤다(물론 오후 4시부터 6시까지 휴식 시간이 있다). 일을 시작한 첫 주에는 일하다가 화장실도 가지 못했다.

몸속 수분마저 갈 곳을 잃었던 까닭은, 전쟁 같은 주방 일이 처음이기도 했지만 매일같이 셰프에게 불호령을 들었던 탓이다. 셰프는 나에게 이탈리아어로 명령했지만 나는 그 말을 제대로 이해하지 못했다. 내가 이탈리아어를 배우기 시작한 때는 2019년 1월 초부터다. 거기다 나는 레스토랑 주방에 서본 적

없는 아마추어였다. 즉 손이 느리고 많은 양의 요리를 빠르고 정확하게 만드는 데 서툴다는 이야기다. 셰프가 나에게 화를 내는 건 당연했다.

그러나 나의 셰프 프랑코는 학교에서 친절하고 인자한 성품으로 학생들에게 인기가 많았다. 그의 레스토랑인 라 베툴라에서 내가 인턴 생활을 시작한 것도 그의 인자한 성품 때문이었다. 내가 그에게 졸업 후 일주일 정도만 쉬면서 재충전할 수 있느냐고 물어봤을 때도 그는 흔쾌히 수락했다. 나이 쉰에 3개월간 학교생활에 지쳐 재충전이 꼭 필요하다고 생각했지만, 셰프가 그렇게 휴가를 허락할 줄은 몰랐다.

휴가가 생기면 그동안 꼭 가고 싶었던 이탈리아 북부의 알프스와 제노바의 바다를 보겠다고 다짐했지만, 일주일 내내 토리노의 숙소에서 잠만 잤다. 하지만 소득도 있었다. 몇 달 동안 찾아 헤맸던 인스턴트 냉면을 토리노의 아시안 마켓에서 찾았다. 그토록 먹고 싶었던 물냉면을 만들어 먹으며 향수병을 달랬다. 그리고 학교가 있던 시골 동네인 아스티에서 구할 수 없던 시칠리아나 풀리아 같은 이탈리아 남부의 와인을 사서 마셨다. 매일 밤 혼술하는 재미도 쏠쏠했다.

토리노에서 즐거웠던 또 하나의 경험은 노천카페였다. 토토리노는 노천카페의 천국이다. 도로를 카페가 점령했다. 차들은 카페 사이로 겨우 지나다닌다.

토리노에는 생긴 지 100년이 넘는 유서 깊은 카페가 많다.

리노 중심가의 노천카페는 아예 길을 막다시피 해서 좌석을 만들어놓고 영업한다. 차는 카페와 카페 사이를 겨우 빠져나간다. 너무 근사한 카페가 많아 어딜 가야 할지 모를 정도였다. 생긴 지 100년이 넘는 유서 깊은 카페나 바도 많았다. 가격도 5~8유로면 스파클링와인을 안주와 함께 즐길 수 있었다.

그러나 일주일간 재충전한 체력은 오전 9시부터 자정까지 이어지는 레스토랑의 강도 높은 노동으로 사흘도 안 돼 바닥났다. 1주차 토요일이던 6월 8일엔 나도 불 앞에 서야 했다. 셰프는 주로 튀기는 일을 나에게 시켰는데, 호통이 이어졌다. 셰프는 "불을 피하지 마라. 기름이 튀어도 서 있어라. 프라이팬은 한 손으로 드는 것이고, 주부처럼 주걱은 쓰지 마라"며 빨간 모자 쓴 군대 조교처럼 나를 몰아세웠다.

나와 셰프는 화구가 6개인 가스레인지를 같이 써야 했기에 나란히 서서 일했다. 셰프는 100킬로그램이 넘는 거구다. 그런 사람이 바로 옆에서 사천왕처럼 눈을 부릅뜨고 소리를 지르니 정말 죽을 맛이었다. 가끔 셰프는 내 손목을 움켜쥐고서는 "이렇게 팬을 흔들란 말이다!"라고 이탈리아어로 소리쳤다. 어찌나 야단을 맞았는지 그날 밤엔 옷도 벗지 못하고 그대로 쓰러져 잠들었다. 넋이 빠져 혼절했는지도 모르겠다.

그다음 주에는 더 혹독한 노동이 기다리고 있었다. 오후 4시부터 6시까지 금쪽같은 오후 휴식도 1시간으로 반토막 났다. 매일 밤 자정이 넘어서야 일이 끝났다. 셰프의 불호령 역시 계속됐다. 친절한 프랑코는 학교에서나 만날 수 있지, 주방에서는 만날 수가 없었다. 그 주 주말은 레스토랑의 특별 미식 주간으로, 새로 선보일 생선 요리를 준비했던 것이다. 매일매일 정어리와 전갱이 수백 마리의 대가리를 자르고 내장을 정리해야 했다. 서서 일하는 시간이 길다 보니 2주차부터 계속해서 다리에 쥐가 났다. 대입을 앞둔 고3 이후 처음 겪는 일이었다.

그러나 내 상황은 나은 편이었다. 단체 채팅방에 올라온 한국인 동기들의 사연을 보니 나보다 더 열악한 경우가 많았다. 이탈리아 전역으로 흩어진 동기들의 근무시간은 자정 넘어 1시까지는 기본이고, 심지어 오후에 정식으로 휴식 시간을 주지 않은 레스토랑도 있었다. 게다가 나처럼 월·화 이틀을 쉬는 사람은 없었다. 우리는 무급 인턴이기 때문에 레스토랑 입장에서는 하루라도 우리를 더 쓰는 게 이익이었다. 노동강도만 놓고 보면 오히려 나는 셰프에게 감사해야 했다.

거기다 프랑코에겐 배울 점이 많았다. 셰프는 맨 마지막에 퇴근했다. 날마다 책과 컴퓨터를 보며 새로운 메뉴를 연구하고 있었다. 라 베툴라에서는 한 달에 한 번씩 메인 메뉴를 바꿨다. 메인 메뉴와 별도로 한 달에 2~3번씩 새로운 주제의 메뉴로 이루어진 미식 주간을 준비했다. '여름 냉면', '겨울 곰탕' 같이

토끼 32마리의 가슴살을 잘라 두들겨 넓게 편 다음 삶은 감자를 넣고 랩에 싸서 냉장한다.
하루 뒤에 이걸 튀긴 다음 토마토소스에 얹어 먹는다.
이걸 만들다 이탈리아에 유학 오고 나서 처음으로 화상을 입었다.

쏨뱅이를 손질해 잘게 잘라 토막을 낸 다음 센 불에 볶았다.
해체는 다른 스태프가 했지만 생선 수백 마리의 가시를 일일이 족집게로 뽑은 뒤 자르고 볶는 일은 내가 해야 했다.

습관적으로 메뉴를 변경하는 것이 아니라 메뉴를 완전히 교체했다. 메뉴를 이렇게 자주 바꾸는 것은 많은 경험이나 정성이 없으면 쉽지 않은 일이다.

셰프가 고심해 만든 메뉴를 보면 '사르데냐'나 '알렉산드리아' 같은 이탈리아 방방곡곡의 지명이 등장한다. 물고기 이름도 그 지역의 방언을 그대로 쓴다. 한국에서 '삼숙이('삼세기'의 강원도 사투리)'탕, '간재미('가오리'의 충청도 사투리)'회라고 하는 것처럼 말이다. 이탈리아어도 잘 못하는 내가 방언부터 익히는 것은 앞뒤가 맞지 않지만, 사전을 찾아가며 이탈리아 사투리로 물고기 이름을 익히는 재미도 쏠쏠했다.

육고기를 유독 사랑하는 피에몬테 지역에서 이탈리아 해산물의 방언까지 알고 있는 셰프를 만난 것은 행운이라는 생각이 들었다. 나는 이탈리아의 해산물 요리를 배우고 싶었지만 인턴을 할 만한 레스토랑을 찾지 못했다. 2주차가 끝날 무렵 이렇게 생각이 바뀌자 강도 높은 노동은 참을 만해졌고, 셰프가 소리를 질러도 실실 웃으면서 눈치를 살피는 여유를 찾게 됐다. 물론 셰프는 "왜 웃어?"라고 또 호통을 쳤지만 말이다.

놀라운 평등성의 상징
커피

이탈리아에서 가격 대비 가장 만족스러운 음식을 꼽으라고 하면 당연히 '커피'다. 이탈리아에서는 커피를 '카페caffè'라고 부르는데 주로 '에스프레소'를 말한다. '에스프레소espresso'는 이탈리아말로 '빠르다'는 뜻이다. 이탈리아 에스프레소엔 두 가지 미덕이 있다. 강렬하게 맛있는 데다 가격이 1유로밖에 하지 않는다. 이건 이탈리아 시골이나 도회지나 호텔이나 읍내 바나 다 똑같다. 정말 놀라운 평등성이다.

우리나라에서처럼 호텔에 가면 커피 한 잔에 1만 원이 넘고 대학가에 가면 2천 원 하는 게 아니라, 이탈리아에서는 커피 한 잔 가격이 어디서나 1유로 내외로 균일하다. 고속도로 휴게소나 기차역처럼 커피값을 으레 비싸게 받는 장소에서도 1.4유로 정도다. 그렇다고 고속도로 휴게소나 시골의 커피가 맛이 없냐 하면 절대로 그렇지 않다. 이 점도 참 놀랍다. 우리나라에서처럼 커피믹스를 쓰지도 않는데 전국 어디에서나 비슷하고 균일한 맛을 낸다.

나는 에스프레소를 마시면서 이탈리아의 체제가 중세 봉건제에서 자본주의가 아니라 왜 사회민주주의로 넘어갔는지 약간 이해가 되었다. 적어도 이탈리아에서 커피는 평등하다. 이탈리아에서 가장 오래되었다는 피렌체의 카페 '질리'에서나 시칠리아의 작은 도시인 마르살라의 허름한 카페에서나 커피값은 모두 1유로대다(커피는 두 군데 다 맛있다. 하나만 고르라고 하면 피렌체의 카페보다 지중해의 푸른 바다가 지척인 '마르살라 포르타 가리발디' 옆 작은 카페의 에스프레소가 더 맛났다. 주인장이나 손님이나 동양인 손님은 처음 봤다는 시선만 빼면 말이다).

물론 이탈리아에서 커피가 싼 이유는 평등을 강조하는 이념 덕분이 아니다. 이탈리아 커피숍엔 우리나라 카페처럼 앉아서 마시는 자리가 별로 없다. 이탈리아에서는 사람들이 대부분 서서 커피를 마시고 바로 자리를 뜬다. 우리처럼 오래 앉아서 커피를 마시며 담소를 나누는 문화가 아니다. 물론 그런 자리가 있긴 하다. 그런 자리에서는 커피값이 4유로 이상이며 관광지에서는 이보다 더 비싸다.

1유로로 즐길 수 있는 특권

하지만 이탈리아 커피에도 함정이 있다. 이건 이탈리아에 오래 살아본 사람만이 알 수 있을 것 같다. 이탈리아 바나 카페엔 대부분 두 가지 원두가 있다. 하나는 기성품인 대형 회사의 원두고 나머지 하나는 카페에서 독자적으로 블렌딩한 원두다.

먼저 '라바짜', '세가프레도', '킴보' 같은 대형 회사의 원두다. 라바짜는 토리노, 세가프레도는 볼로냐, 킴보는 나폴리에서 시작한 브랜드다. 물론 '일리'도 있지만 일리 커피는 독자적인 일리 바에서 많이 판다. 이들 커피는 제조사에 따라 조금씩 맛이 다르다. 회사마다 제품의 범주가 다양해 한마디로 맛을 규정하기 어렵다.

그래도 개인적인 느낌을 말하자면 세가프레도는 섬세하고 킴보와 라바짜는 좀더 강렬하다. 일리는 조금 밀도감이 있고 향에 신경을 많이 쓴 느낌이다(커피 브랜드마다 다양한 스타일의 제품라인이 있기 때문에 이건 나의 주관적인 의견이다). 일리의 본사는 트리에스테에 있다. 20세기 초 에스프레소 머신을 만드는 회사로 출발했다가 지금의 커피 그룹을 일구었다. 트리에스테는 슬로베니아, 오스트리아와 국경을 마주한 이탈리아의 동북쪽 끝에 있는 도시로 우리나라의 함경북도 경원이나 회령쯤을 생각하면 된다.

한 팩에 3~4유로 정도인 이 대형 회사의 커피는 에스프레소 머신이 아니라 가정용 모카포트로 끓여 먹어도 참 맛나다. 에스프레소를 끓여 먹는 이 주전자는 이탈리아 피에몬테 출신의 알폰소 비알레티가 발명했다. '비알레티'는 모카포트의 특허를 가지고 있는 기업의 이름이기도 하다. 이탈리아의 커피가 싸고 맛있는 이유는 바리스타가 뛰어난 것보다도 이탈리아의 커피 인프라가 훌륭하기 때문이다.

이탈리아는 후추와 마찬가지로 '오스만제국의 검은 물'인 커피를 유럽으로 전파하는 전달자 역할을 했다. 이런 역사적 배경 덕분에 이탈리아는 지금도 세계 커피 시장에서 커피 관련 기계의 절반 이상을 점유하고 있다. 세계 최대의 커피 회사인 '스타벅스'도 이탈리아의 카페에서 영감을 얻은 것이다.

두 번째로 카페의 독자적인 블렌딩 커피다. 이탈리아엔 유서 깊은 커피숍이 많다. 이런 커피숍들은 시제품을 쓰지 않고 제 원두를 블렌딩한다. 그런데 이 블렌딩이 워낙 고전적이다. 커피콩을 강하게 볶은 강배전 원두를 많이 쓰는데 새로운 트렌드를 반영하지 않은 맛이다. 이탈리아 사람들이 에스프레소에 설탕을 많이 넣어서 먹기 때문에 강배전 원두를 써야 한다는 이야기도 있다. 하지만 내 입맛엔 다소 쓰다. 상큼한 아프리카 에티오피아나 부룬디의 커피를 좋아하는 나는 강배전 커피에 거부감이 있다.

그래서 나는 어느 도시에나 있다는 100년쯤 된 오래된 카페엔 거의 한두 번밖에 가지 않았다. 그 대신 젊은이들이 많이 간다는 최신 유행의 카페를 찾아다녔다. 그런 카페는 시크한 원두 블렌딩으로 사람들을 유혹한다. 자세한 비율은 모르겠지만 이들 커피는 인도나 코스타리카 등 중남미 지역의 원두를 넣는 경우가 많았다. 어떤 집의 커피 메뉴는 200가지가 넘어서 나를 놀라게 만들었다. 매일 한 잔씩 마셔도 이 메뉴대로 커피를 다 마셔보려면 6개월 이상이 걸린다는 이야기다.

내가 가본 커피숍 가운데 팔레르모대학 옆에 있는 카페 '아테네오'

〔 놀라운 평등성의 상징 〕

볼로냐에서 가장 오래된 커피숍인 '감베리니'('새우'라는 뜻)의 에스프레소.
고색창연한 이곳은 종업원들이 와이셔츠나 블라우스에 조끼까지 갖춰 입고 우아하게 커피를 내준다.

와 볼로냐 중심가의 '테르치'가 기억난다. 그리고 ICIF 앞 카페인 '로마'도 그립다. 등교 전엔 꼭 이곳에서 커피를 마셨다. 휴무일인 매주 월요일에 문을 닫는데 그날 아침이 가장 힘들었다.

하지만 1유로짜리 커피를 마시면서 이것저것 따지지 말고 고맙게 마시라는 말도 많이 들었다. 그 말이 정답이다. 문을 연 지 200년이 넘은 카페에 가면 독한 전통의 맛을 받아들이고 젊은이들이 찾는 신박한 카페에서는 새로운 유행을 맛보는 열린 자세가 필요하다. 커피는 1유로로 즐길 수 있는 이탈리아의 특권이다.

알고 보니 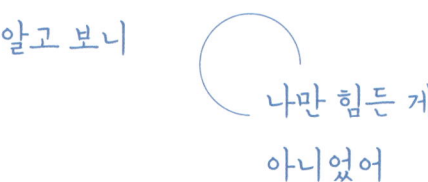 나만 힘든 게
아니었어

7월 1일 아침 8시 30분. 이탈리아 피에몬테주 아스티역 앞 카부르 호텔에서 20분 이상 걸어서 아스티 경찰서에 도착했다. 처음 가본 이탈리아 경찰서는 신입 기자 시절 열심히 드나들었던 한국의 경찰서와는 사뭇 달랐다. 위압적인 높은 담과 쇠창살이 없었다. 겉보기에는 우리나라의 구청 건물처럼 생겼다.

이날 경찰서를 찾은 이유는 외국인 등록을 하기 위해서였다. 내가 가야 할 이민국 앞에는 벌써 줄이 5~6미터로 길게 늘어서 있었다. 앉을 곳은 전혀 없었고 경찰서 앞에서 만난 한국인 동기들과 복도에 하염없이 서서 기다려야 했다. 아스티시에 있

는 ICIF에서 졸업 전에 내게 준 서류의 예약 시간은 8시 38분이었지만 이탈리아에서 시간이란 의미가 없다. 실제로 경찰서의 벽에 걸린 시계는 다 멈춰 있었다. 인턴을 하고 있는 토리노 외곽의 레스토랑에서 아스티 경찰서까지 오는 데는 3~4시간이 걸리기 때문에 일요일이었던 전날 저녁 근무를 빠지고 아스티의 호텔에서 1박을 했는데, 그럴 필요가 없었다는 생각이 들었다.

이탈리아에서는 외국인 관리 업무를 경찰서에서 담당한다. 이날 나를 비롯해 한국인 동기 7명은 아스티 경찰서에서 외국인 체류 등록을 해야 했다. 이날 외국인 등록은 20분가량 일대일 인터뷰를 한 뒤 옆방으로 건너가 손가락은 물론 손바닥 지문까지 다 찍는 절차로 진행됐다.

'나 게을러'라고 얼굴에 쓰여 있는 듯한 40대 남자인 경찰서 공무원이 내 서류를 처리하고 몇 가지 질문을 한 뒤 옆방으로 내 서류를 넘겼다. 옆방 문 앞에서 30분 넘게 기다리고 있었더니 요란한 은색 반짝이 옷에 흑인처럼 치렁치렁하게 머리를 땋은 이탈리아 중년 여성이 실리콘 장갑을 끼고 친절하게(?) 내 손과 손가락과 손바닥에 체중을 실어 꾹꾹 눌러가며 지문을 찍었다. 문화와 음식이 좋아서 이탈리아로 유학 온 나에게는 불쾌한 경험이었다. 한국이면 30분도 안 걸릴 외국인 등록 절차는 무려 3시간을 기다려 끝났다.

〔 레스토랑에서 인턴으로 일하다 〕

우리는 경찰서를 나와 아스티에서 중국인이 하는 무한 리필 초밥집인 '됴진'에 갔다. 이탈리아의 초밥집은 대부분 중국인이 운영하기 때문에 맛은 좀 떨어지지만 쌀밥과 김, 된장국만으로도 한국에 대한 향수를 달랠 수 있어 즐겨 먹었다.

이날 우리는 5월 말 학교를 떠나 각자 인턴으로 일할 레스토랑으로 떠난 이후 처음으로 마주 앉았다. 한 달여 만에 동기들 얼굴을 보니 참 좋았다. 우리는 초밥을 먹으며 한 달밖에 안 됐지만 가슴속에 쌓아놓았던 인턴 생활의 고단함을 풀어놓았다.

이탈리아에서 초밥을 주문하면 쌀밥과 김, 된장국을 제공해 한국에 대한 향수를 달래준다.

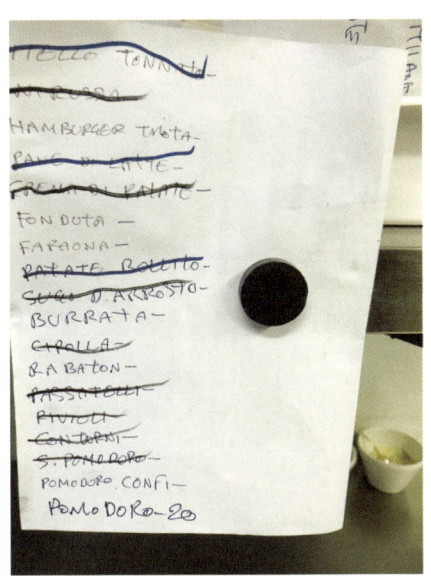

내가 인턴 실습을 했던 레스토랑의 하루 할 일 목록. 이 많은 일을 정해진 시간 안에 끝내려면 아침 9시부터 저녁 11시까지 쉴 새 없이 일해야 한다.

    나도 날마다 숨 쉴 틈 없이 일해왔다고 생각했지만 나보다 더 심한 노동에 시달리는 동기도 많았다. 한 동기는 손님이 15명이 되지 않으면 설거지 담당자를 부르지 않기 때문에 손님이 없는 주중엔 자신이 설거지한다고 말해서 우리를 놀라게 했다.

    또 그날 새벽 2시에 일을 마치고 아침에 일어나서 내내 기차를 타고 오느라 지친 동기도 있었다. 그는 자신을 포함해 주방에 단 3명밖에 없어 점심 영업이 끝나고 나서 휴식 시간이

[레스토랑에서 인턴으로 일하다]

없다고도 했다. 점심 영업 뒤 쪽잠이 얼마나 필요한지 잘 알기에 그가 안쓰러웠다.

격무보다 동기들이 힘들어하는 것은 더위였다. 이탈리아에서는 이미 6월 말에 최고 기온이 38도까지 올라갔다. 6월인데도 더위 탓에 새벽 4시쯤 일어나 샤워를 하고 다시 잠을 잔다는 동기도 있었다. 이탈리아의 8월엔 최고 기온이 40도가 넘는다며 벌써 걱정하기도 했다. 6명 가운데 자신의 기숙사 방에 에어컨이 있는 사람은 한 명밖에 없었다.

자상(칼 따위의 날카로운 것에 찔려서 입은 상처)과 화상은 일상이었고 입안이 헐거나 땀띠로 고생하는 동기도 있었다. 화상과 땀띠는 나도 늘 겪고 있는 고통이다. 그동안 단체 채팅방에 가끔 올라왔던 이야기였지만 실제로 만나서 들어보니 더 생생하고 더 처절했다.

동기들에게 견주니 내 인턴 생활은 나쁘지 않은 편이었다. 점심시간이 지나면 4시부터 6시까지 휴식 시간도 있고 일주일에 이틀을 쉬는 사람도 내가 유일했다. 그리고 무엇보다도 내가 있는 레스토랑은 국립공원 바로 옆이라서 새벽엔 추웠기 때문에 한여름에도 두꺼운 솜이불을 덮고 자야 했다.

또 동기들은 셰프가 나에게 직접 지시한다는 점을 부러워했다. 동기 대부분은 20~30대인 수副셰프(부副주방장)나 파트장의 지시를 받는 반면, 나는 셰프에게 직접 지시를 받을 때가 많았다. 학교에서 강사로 초빙될 정도로 경험 많은 셰프가 직접 요리를 코치하면 더 많이 배울 수 있지 않겠느냐는 게 동기들의 논리였다.

날마다 셰프가 고리눈을 뜨고 호통을 쳐서 정신을 못 차리고 있는 나를 부러워하는 게 처음엔 의아했다. 그러나 생각해보니 동기들 말이 틀린 건 아니었다. 셰프가 무심코 시키는 듯한 조리법은 상당히 유용했다. 또 호통을 많이 치긴 하지만 가끔은 칼질까지 지도할 정도로 자상한 면도 있었다(물론 호통치는 게 열 번 이상이면 지도하는 건 한 번쯤이긴 했다). 천국과 지옥은 관점의 차이라는 말이 떠오르는 순간이었다.

대부분 20대 중반~30대 초반인 동기들은 폭염과 강도 높은 노동에 분명 지쳐 있었다. 그러나 요리에 대한 열정은 졸업 전보다 오히려 더 강해진 듯했다. 사실 전쟁터인 레스토랑에서 배우는 것은 훈련소쯤인 학교에서 배우는 것과 비교가 되지 않았다. 그런 레스토랑에서 일하다 보니 생각이 많아진 듯했다. 한 단계 한 단계 더 높은 곳으로 도약하고 싶어 하는 청년 특유의 에너지가 느껴졌다.

우리는 초밥집에서 나와 아스티에서 가장 유명한 젤라토집에서 젤라토를 먹고 커피를 한잔 더 한 뒤, 오후 4시쯤 아스티역 앞에서 헤어져 각자의 레스토랑으로 돌아갔다. 이날 동기들과의 만남은 이탈리아 경찰서에서 겪은 불쾌함을 한순간에 추억으로 만들어주는 마술을 경험하게 했다. 그리고 내가 직면한 인턴 생활의 현실을 좀더 객관적으로 볼 수 있는 발상의 전환점도 찍어줬다. 이탈리아 경찰서에서 지문을 찍고 온 이날, 많게는 스물다섯 살이나 어린 동기들에게 나는 순백의 두부 같은 깨달음을 얻을 수 있었다. 다음에 만나면 동기들에게 초밥은 못 사더라도 시원한 맥주라도 한 병씩 쏴야 할 것 같다.

나이가
많다고

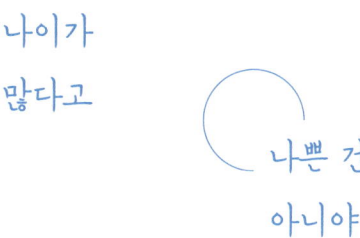

나쁜 건
아니야

"나이는 숫자에 불과하다."

어떤 일을 하는 데 나이가 중요하지 않다는 뜻으로 쓰는 말이다. 뒤집어 생각해보면 나이가 걸림돌이 된다고 생각하는 사람이 그렇지 않은 사람보다 더 많은 탓에 이런 말이 나왔을 것이다.

나이는 거부할 수 없는 중력과 같다. 20대의 선택이 나비처럼 가볍다면 40대 이상의 선택은 황소가 멍에를 짊어진 것처럼 무겁다. 마흔 살을 미혹되지 않는다는 뜻으로 '불혹不惑'이라 한 것도 이런 이유였을 것이다. 날마다 짐수레를 끌던 황소

〔 레스토랑에서 인턴으로 일하다 〕

에게 유턴이란 쉬운 일이 아니다.

내가 불혹을 넘어 쉰이라는 나이에 이탈리아에 온 이유는 나이와 맞설 용기로 충만했기 때문이 아니다. 나는 용기가 없어 늘 차선을 선택한 적이 많았다. 그러다 보니 돌고 돌아서 쉰에 이탈리아에까지 오게 됐다.

내가 요리에 눈뜬 시기는 2006년이다. 요리는 술과 사람과 일에 치이던 기자 생활에서 우연히 발견한 최고의 즐거움이었다. 요리하기 전에는 쉬는 날에도 혼자서 폭탄주(그때는 소주가 아니라 양주로 만들었다)를 만들어 마셨다. 한마디로 자신을 망치고 있었다. 요리는 나를 바꾸었다. 주말마다 제철 재료를 구해 요리했고 혼자 먹기 아까워 사람들을 초대했다. 생활이 달라지니 생각이 달라졌고 당연히 직업을 바꿔야 할까 고민하게 됐다.

그러나 용기가 없었다. 2012년 내가 첫 요리책을 내자 이곳저곳 불러주는 곳이 생겼고, 지상파 방송 출연 요청도 있었다. 그때만 해도 요리하는 남자가 대중매체에 자주 등장하지 않았는데, 바쁜 일상 탓에 요청은 대부분 거절했다.

거기다 나는 신라의 고승 원효대사처럼 외국 유학을 접게 했던 '해골 물'을 한국에서는 마시지 못했다. 아는 사람 가운데 음식점 하는 이들이 있어 문을 두드려보았다. 아무리 지인이라도 나이 많고 경험 없는 나를 받아주기 꺼렸다. 미국에 제빵 유학을 다녀온 고교 동창의 빵집을 기웃거리기도 했다.

내가 생각했던 또 하나의 대안은 사찰 요리였다. 고기를 즐기지 않는 나는 사찰 음식에 매력을 느꼈다. 유명 스님을 찾아다녔고 그들의 강좌를 주말마다 들었다. 하지만 그런 스님 옆에는 외국 유학을 다녀온 셰프들이 있었다. 나처럼 눈만 높고 손은 낮은 책상물림이 낄 자리는 없었다. 어영부영 그렇게 10여 년이 지나갔다.

그랬던 내가 이탈리아로 요리 유학을 갈 수 있었던 것은 옆에서 나를 지켜본 아내 덕분이다. 머릿속에 온통 요리 생각뿐인 인간이 국가와 사회의 안녕을 걱정하는 근엄한 기사를 쓰고 있으니 답답해 보였던 모양이다.

어느 날 아내가 회사를 그만둘 것을 권유했다. 처음에는 드라마에서 흔히 봤던, 아내가 남편을 떠보려고 던지는 말쯤으로 생각해 "그럴 수 없다"고 했다. 내가 '남자 가장'이라는 구시대적인 통념에서 벗어나지 못한 탓도 있었다.

아내는 그 뒤로도 더 나이 들기 전에 하고 싶은 걸 해보라고 여러 차례 말했다. 그제야 그 말이 아내의 진심임을 깨달았다. 아내의 성원에 미련 없이 회사를 그만두고 2019년 3월 초 이탈리아로 요리 유학을 떠나게 된 것이다.

이렇게 등 떠밀려 간 이탈리아에서도 나이는 내 발목을 잡았다. ICIF를 졸업했지만 나이 탓에 인턴으로 갈 곳을 쉽게 찾

프랑코 셰프가 내 동기들과 돌체(디저트) 수업을 마치고 기념사진을 찍었다.

지 못했다. 미슐랭 1스타 해산물 전문 레스토랑에서는 인턴 요청을 거절당하기도 했다.

꼭 남만 탓할 일이 아니었다. 6월 초부터 라 베툴라에서 내가 인턴을 했던 이유는 이곳의 음식도 음식이지만 셰프의 나이 때문도 있었다. 나는 이 레스토랑의 셰프인 프랑코가 '58년 개띠'라고 알고 있었다. '셰프가 그 정도 나이면 내가 거기서 빡빡 굴러도 괜찮겠다'고 생각했던 것이다. 그러나 정작 '민증을 까보니' 셰프는 나보다 다섯 살이나 어렸다. 100킬로그램이 넘는 거구에 산타클로스처럼 수염을 기른 그가 나보다 어릴 거라고는 한 번도 생각하지 않았다. 거기에 주방 서열 2위의 수

셰프 누만은 조카뻘인 스물일곱 살이었다. 한국에서처럼 나이만 따지다 나이의 덫에 걸린 것이다.

그러나 두 달 동안의 인턴 생활은 나를 괴롭히던 나이를 잊게 하기 충분했다. 존댓말이 거의 없는 이탈리아말을 쓰는 주방에서 나이는 숫자에 불과했다. 셰프는 나에게 이것저것 시킬 뿐 아니라 수시로 호통을 쳤다. 나는 그에게 다섯 살 위인 형님이 아니라 그저 요리를 막 시작한 풋내기에 불과했다. 수셰프는 셰프보다 더 일중독이다. 두 사람은 날마다 나에게 숨 돌릴 틈을 주지 않고 지시를 내렸다. 나는 팥쥐와 계모에게 시달림을 당하는 콩쥐처럼 일해야 했다. 하루 종일 레스토랑에만 있는데도 하루에 1만 보 이상 걸었다.

몸은 고되지만 이렇게 정신없는 주방이 즐거웠다. 이탈리아에서 먹어본 본토 음식은 한국에서 먹었던 것과 아주 달랐다. 셰프의 레시피를 보면 '정말 이게 전부야?'라는 의문이 들 정도로 단순했다. 레시피는 간단하지만 풍미는 강렬하다. 거의 날마다 소스를 만들다 보니 한국에서는 알 수 없었던 서양 요리의 핵심인 소스에 대해서도 이해가 깊어졌다. 고질적 문제였던 칼질도 1밀리미터 정사각 썰기가 될 만큼 늘었다. 아직은 서툴지만 전채 요리를 만들어 손님상에 올리기도 했다.

프랑코 셰프가 직원용 식사로 만든 생면 파스타.

두 달 만의 변화는 나 자신조차 놀랄 정도다. 만약 한국에서 이탈리아 레스토랑에서와 비슷하게 나보다 어린 셰프와 수셰프에게 일을 배웠다면 내가 이렇게 변할 수 있었을까? 결과적으로 나이 때문에 한국에서 레스토랑 주방에 서지 못했던 것이 꼭 나쁜 일만은 아니었다.

이탈리아에서는 열여섯 살 남짓인 고등학생도 유명 레스토랑 인턴을 한 달씩 하기도 한다. 쉰에 인턴을 한 나는 그들에게 견주면 늦어도 한참 늦은 셈이다. 그러나 나는 조바심 내지 않았다. 어차피 인생이라는 긴 여행에서 '용기'라는 밑천이 부족해 돌고 도는 완행열차를 타야 했기 때문이다. 늦깎이 요리 유학이 불안했지만, 막상 이탈리아에 와보니 느릿느릿 가는 열차가 오히려 내 인생에 묘미를 줄 것이라는 믿음이 생겼다. 풋내기 인턴인 내가 나이를 숫자쯤으로 생각하게 된 까닭이다.

물냉면과 파스타
사이에서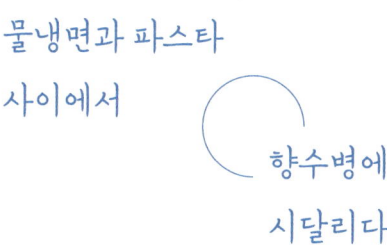
향수병에
시달리다

'휴가'를 의미하는 이탈리아어는 '바칸제vacanze'다. '휴일'을 뜻하는 '바칸자vacanza'의 복수명사다. 프랑스를 비롯해 유럽 국가들이 그렇듯 이탈리아의 여름휴가는 한 달 정도로 길다.

내가 머무른 토리노는 이탈리아 북부여서 여름휴가 때 이곳을 방문하는 관광객이 로마나 피렌체처럼 많지 않다. 그래서 도심은 7월 초부터 썰렁해진다. 이렇게 긴 휴가를 떠나기 때문에 토리노 인근 레스토랑도 당연히 여름 휴가철에는 문을 닫는다. 보통 2주 동안 쉰다. 한 달 내내 닫는 곳도 있다.

내가 인턴으로 일한 레스토랑도 8월 16일부터 31일까지 휴가였다. 맨 처음 레스토랑에서 인턴을 시작했던 6월 초, 휴가철에 한국에 있는 아내를 이탈리아로 불러 볼로냐와 피렌체 등을 돌아볼 계획이었다. 하지만 일주일 만에 하루 12~14시간의 강도 높은 노동으로 내 체력은 금세 바닥났다. 이런 상황에서 아직은 낯선 이탈리아를 아내와 함께 관광하기는 어려웠다. 그 대신 내가 휴가 때 한국으로 가기로 했다.

그런데 갑자기 개인적인 일이 생겨 7월 31일, 나는 한국으로 돌아와야 했다. 8월 초 급한 일은 마무리됐지만 다시 이탈리아로 돌아가기가 어정쩡한 상황이 돼버렸다. 8월 중순부터 8월 말까지 레스토랑이 휴가인 탓에 이탈리아로 돌아와도 한 주 정도 근무하다가 다시 한국으로 나와야 했기 때문이다. 그래서 셰프에게 양해를 구했고 8월 말까지 한국에 있을 수 있게 됐다.

이탈리아에서 한국으로 돌아오면 가장 하고 싶었던 일은 향수병을 달래는 것이었다. 향수병의 증상은 사람마다 조금씩 다르지만 나는 익숙한 음식에 집착했다. 3월 초 ICIF에 입학한 뒤 한 달 만에 향수병에 걸렸다. '아재' 입맛 탓에 된장에 다시마까지 챙겨 갔던 나를, 한국이 그리워 아무것도 못하게 만든 음식은 물냉면이었다. 이탈리아에도 거의 모든 한국 식재료가 있었다. 고추장, 배추, 떡 등 재료 대부분을 손쉽게 구할 수 있었다. 그래서 김치도 떡볶이도 만들어 먹을 수 있었지만 물냉면은 예외였다.

로마 다음으로 큰 도시인 밀라노로 여행 가는 동기들에게도 부탁했지만 물냉면은 찾지 못했다. 한국의 가족에게 소포를 받는 동기에게 '인스턴트 냉면'을 부탁하기도 했다. 하지만 5월 말 졸업 때까지 '냉면 소포'는 도착하지 않았다.

이탈리아에서 나를 극심한 향수병에 빠뜨린 음식은 물냉면이었다. 이탈리아에 있는 동안 간절히 먹고 싶었던 서울 단골집의 냉면.

이탈리아에서도 손쉽게 구할 수 있는 비빔라면으로 물냉면을 대체해보려 했지만 비빔장의 가벼움 탓에 소용없었다.

결국 나는 파스타로 '유사 냉면'을 만들었다. 파스타 가운데 면발이 가장 가는 '카펠리니'로 면을 삶고 다시마와 버섯을 우린 물과 이탈리아의 인스턴트 소고기 맛 조미료로 간을 맞춰 육수를 만들었다. 먹을 만했지만 향수병은 유사 냉면으로 치유되지 않았다.

6월 초 인턴을 시작하면서 새로운 향수병에 시달렸다. 평양냉면 대신 상다리가 부러지게 차려놓은 한정식이 먹고 싶어진 것이다. 그도 그럴 것이 학교를 다닐 때는 기숙사 근처에 슈퍼마켓이 여러 곳 있었다. 그 덕분에 신선한 제철 과일과 채소를 거의 날마다 먹을 수 있었다. 하지만 내가 일한 레스토랑 주변에는 아무것도 없었다. 토리노 외곽 알프스 자락에 있는 레스토랑에서 가까운 슈퍼마켓에 가려면 버스를 타고 15분 정도 나가야 했다. 과일이나 채소를 사실상 구하기 어려웠다.

그 대신 셰프가 차려주는 대로 점심과 저녁을 먹어야 했다. 셰프는 피에몬테 사람답게 고기를 매우 좋아했다. 셰프의 음식엔 맛이 있었지만 식이섬유가 풍부한 채소와 과일은 턱없이 부족했다. 그 덕분에 태어나서 처음 변비에 걸리기도 했다. 나물 반찬이 많은 한정식에 대한 그리움이 커질 수밖에 없었다.

한국에 도착해 한 주 정도는 급한 일들을 마무리해야 했다. 향수병의 원인인 냉면과 한정식을 생각할 겨를이 없었다. 한 주를 보내고 난 8월 7일에야 처음으로 냉면을 먹을 수 있었다. 그런데 6개월 만에 먹은 물냉면에 나는 별 감흥을 느끼지 못했다. 인천공항에 내리자마자 내가 즐겨 먹던 을지로의 냉면집을 찾았다면 상황은 조금 달랐을 것이다. 하지만 이미 일주일 넘게 한식을 먹은 탓에 감흥은 떨어졌다.

한정식도 마찬가지였다. 아내와 함께 상다리가 부러지게 차려주는 한정식집에 갔는데, 그저 그랬다. 나물과 김치가 내가 생각한 것만큼 입에 착착 붙지 않았다. 이탈리아에서 오매불망

그랬던 음식과 막상 서울에서 먹은 음식 사이에는 뚜렷한 간극이 있었다. 어쩌면 가족이 있는 서울에 도착했을 때 이미 이탈리아에서 외롭고 힘들어서 생긴 향수병이 거의 치유됐고, 그 탓에 한식에 대한 감동도 덜했던 것 같다. 그런데 의외로 한국에서 한식에 대한 갈증을 없애준 음식은 냉면과 한정식이 아니라, 해물짬뽕과 곱창전골이었다. 매운 해산물과 내장이 우러난 국물이 내 무의식이 요구하는 한국의 맛이라는 게 놀라웠다.

하지만 해물짬뽕과 곱창전골 덕에 향수병이 사라진 서울에서 나는 새로운 증상에 시달리고 있었다. 이번엔 이탈리아 음식을 그리워하게 된 것이다. 이탈리아에서 쌓인 피로가 채 풀리기도 전에 나는 그라나 파다노 치즈와 산마르자노 토마토 통조림 등을 사서 이탈리아식 소스를 만들기 시작했다. 현지에서처럼 진한 맛을 느낄 수는 없지만 비슷한 맛은 낼 수 있었다. 토리노에서 물냉면을 만드는 것보다 서울에서 이탈리아 코스 요리를 만드는 게 훨씬 쉬웠다.

무엇보다도 아내가 즐거워했다. 한국에서 볼 수 없었던 요리에 아내는 높은 점수를 주었다. 그래서 아내가 어서 귀국해 레스토랑을 열어 유학 경비를 회수하라고 할까 봐 마음을 졸여야 했다.

가자미로 만든 이탈리아식 어만두. '밀레베리'라고 한다.
부라타 소스와 갑오징어 토마토 라구(각종 재료를 넣고 걸쭉하게 끓인 토마토소스)를 함께 곁들였다.
서울에 와서 처음 만든 이 이탈리아 요리를 아내와 함께 먹었다.
화이트와인과 잘 어울린다.

　　내가 서울에서 이탈리아 요리에 유난을 떠는 이유는 향수병 때문이 아니다. 이탈리아에 가족이 있는 것도 아니고, 나물이나 냉면처럼 즐겨 먹던 친숙한 음식이 따로 있지도 않다. 하지만 9월 초 이탈리아로 출국하기 전까지 계속 이탈리아 음식을 만들 생각이었다. 아침 9시부터 다음 날 자정까지 계속 일했던 이탈리아에서 몸에 밴 습관 탓일 수도 있지만, 설탕이나 인공조미료 없이 단순한 재료만으로도 강렬한 맛을 끌어내는 이탈리아 요리에 중독된 것이 더 큰 이유였다.

단순하지만 범상치 않은 식재료
토마토

이탈리아를 이탈리아답게 만들어주는 요소는 이탈리아 국기에 다 나타나 있다. 이탈리아 국기는 녹색, 흰색, 빨간색으로 이루어진 삼색기다. 녹색은 바질, 흰색은 치즈, 빨간색은 토마토를 상징하는 것처럼 보인다(이탈리아 국기는 1789년 프랑스혁명의 영향으로 생겼다. 프랑스 국기는 파란색, 흰색, 빨간색으로 이루어졌는데 이탈리아는 파란색 대신 녹색을 선택했다. 파란색과 녹색은 모두 '자유'를 상징한다).

이 모든 게 접시 하나에 담긴 음식이 나폴리의 '마르게리타 피자'다. 실제로 어떤 나폴리 요리사가 19세기 말 나폴리를 방문한 이탈리아 여왕에게 이 피자를 바쳤다는 이야기도 전해 내려온다. '마르게리타'는 이 여왕의 이름이다(사실 마르게리타 여왕이 등장하는 마르게리타 피자의 기원설은 최근 사실 아닌 것으로 거론된다. 왜냐하면 이전에도 비슷한 피자를 먹었다는 기록이 많이 남아 있기 때문이다. 이탈리아 건국 초기에 왕실의 권위를 알리기 위한 의도로 만들어진 스토리라는 주장도 설득력을 얻고 있다).

토마토는 중남미가 원산지이지만 이탈리아는 토마토의 종주국 노릇을 하고 있다. 토마토소스를 최초로 만들었기 때문이다. 스페인이 대항해 시절 토마토를 맨 처음 유럽으로 가져왔지만 관상용으로 길렀을 뿐이다. 토마토를 처음 요리해서 먹은 사람은 이탈리아인들이다. 먹을거리가 양배추와 파스타밖에 없었던 가난한 남부에서 토마토를 처음으로 소스로 만들어 먹었다는 기록이 있다(당시 남부 사람들은 파스타를 '베르미첼리' 혹은 '마카로니'라고 불렀다). 토마토와 함께 마늘, 고추, 치즈만 있으면 맛있는 파스타를 만들 수 있어 이탈리아 남부에서는 지금도 이런 가벼운 토마토소스 파스타를 즐긴다.

피자도 남부에서 많이 먹었다. 밀가루 반죽에 토마토소스를 바르고 모차렐라 치즈를 얹어서 먹던 이들도 남부 사람이었다. 목초지가 부족한 남부에서는 젖소 대신 물소를 키웠다. 그

내가 인턴을 했던 레스토랑의 프랑코 셰프가 만든 라구 소스. 여기에 생면 파스타인 타야린을 버무려 먹으면 그 맛이 환상적이다.

〔 단순하지만 범상치 않은 식재료 〕

래서 물소젖으로 모차렐라 치즈를 만들었다.

밀이 풍부해 어느 지역보다 맛있는 빵과 파스타를 만들어왔던 시칠리아에서는 토마토소스로 독특한 빵을 만들었다. 치즈는 좀 줄이고 대신 안초비나 정어리를 넣은 '스핀초네'다. 스핀초네는 시칠리아의 주도州都인 팔레르모의 간단한 요깃거리다. 토마토소스를 넣어 색은 빨간데 치즈를 많이 넣지 않은 대신 멸치살을 넣어 풍미는 강렬하다. 스핀초네는 나폴리에서 처음 만들었다는 피자의 원형을 추측하게 해준다. 가격은 저렴하지만 강렬하면서도 맛있는 음식으로서의 가능성 말이다.

이탈리아엔 지역마다 피자와 비슷하게 빵 반죽에 토마토소스와 치즈를 얹어서 먹는 고유의 향토 음식들이 있다. 중부 라치오에는 피자와 비슷한 '핀샤'라는 음식이 있는데 빵이 두툼하다. 피자를 반으로 접은 '풀리아식 칼초네'도 유명하다. 리구리아에서는 병아리콩을 갈아서 양념 없이 납작하게 내놓는데 이를 '파리나타'라고 한다. 피자나 스핀초네와 마찬가지로 북부의 길거리 음식이다. 아무 양념이 없어 우리나라의 녹두 빈대떡을 연상시킨다.

강렬한 이탈리아의 태양이 준 선물

이렇게 토마토를 다양하게 요리해 먹다 보니 이탈리아엔 매우 다양한 토마토가 있다. 색깔은 물론이고 모양도 가지각색이었다. 우리나라의 것처럼 단순히 복스럽게 둥근 것만 있는 게 아니었다. 길쭉한 것

 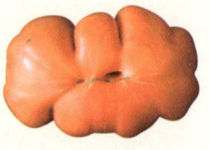 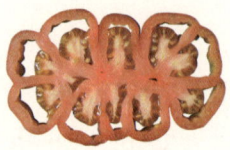

'쿠오레 디 부에'는 독특한 외양은 물론 최대 800그램까지 자라는 덩치로 유명하다.
하지만 외관과 달리 과육이 얇고 달달해 샐러드에 주로 사용된다.

(페리노, 산마르자노)은 물론이고 늙은 호박처럼 주름이 잔뜩 들어간 것(쿠오레 디 부에), 작은 자두 모양(피에놀로) 등의 토마토가 있다. '쿠오레 디 부에('황소의 심장'이라는 뜻)'는 '토마토의 왕'으로 불릴 정도로 크고 맛나다. 이탈리아의 슈퍼마켓이나 시장에서 손쉽게 찾을 수 있다.

나폴리 인근 지역의 특산품인 '피에놀로'와 '산마르자노'는 독특한 모양과 강렬한 맛으로 유명하다. 이탈리아의 독특하면서도 강렬한 토마토는 통조림 형태로 한국에서 구입할 수 있다. 이탈리아 토마토는 한국의 토마토에 견줘 신맛이 덜하다. 데친 토마토를 향채인 당근, 샐러리, 양파 등을 넣어서 1~2시간 약불에 끓이기만 해도 깊은 맛이 나는 이유도 토마토의 이런 특성 때문이다.

올리브오일과 토마토는 우리나라를 비롯해 어느 나라에서나 구할 수 있다. 그렇지만 이탈리아에서 먹어본 토마토는 확실히 맛이 달랐다.

이탈리아 남부의 산마르자노 토마토는 과육이 단단하고 물기가 적어 토마토소스를 만들기에 최적이다.

"이탈리아 요리는 단순하지만 복잡하다"고 이탈리아 셰프들이 입버릇처럼 말하는 이유는 토마토와 올리브오일처럼 이탈리아 요리의 기초가 되는 식재료의 범상치 않은 맛 때문이다.

이처럼 개성 있고 강렬한 식재료는 이탈리아의 높고 푸른 하늘 덕분일 것이다(하나 더 꼽는다면 이탈리아의 석회질 토양이다. 물에 녹는 성질의 석회질로 이루어진 토양엔 수분이 풍부하다. 그래서 이탈리아에서 DOC 인증을 받은 와이너리는 포도에 따로 관개灌漑를 하지 않는다. 관개를 하면 원산지 보호 인증을 받을 수 없다). 3월부터 10월까지 내리쬐는 이탈리아의 뜨거운 햇빛은 농작물을 더욱 달고 풍성하게 만든다. 이렇듯 이탈리아 국기엔 아르헨티나 국기처럼 하늘색을 하나 더 넣어야 하는 것이 아닐까?

[토마토]

'신 포도'
이탈리아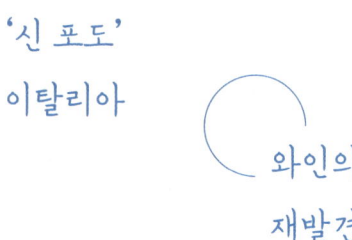
와인의
재발견

이탈리아 음식은 오감을 자극한다. 이탈리아는 국토의 길이가 남북으로 1,300킬로미터에 이르고 해안선이 7,000킬로미터가 넘어 식재료가 다양하다. 그리고 오랫동안 20개 도시국가로 독립돼 있어 지역마다 식재료와 조리법이 다르다. 여기에 로마시대부터 아시아·아프리카와 유럽의 다리 구실을 해 이국적인 식재료를 많이 쓴다. 아프리카 닭인 뿔닭을 즐겨 먹는가 하면, 중국 향신료인 팔각을 사용해 돼지고기를 조리하는 셰프를 흔히 볼 수 있다.

수많은 이탈리아 음식 가운데 내 호기심을 가장 자극했던

ICIF의 와인 강의는 이탈리아의 다양한 와인을 소개하고 음식과의
조화까지 체계적으로 설명해 와인을 이해하는 데 많은 도움이 됐다.
내가 ICIF 와인 수업 시간에 시음하는 모습이다.
시음 와인은 2009년산 '리스 네리스 콘피니'.

것은 레드와인이었다. 나는 이탈리아에 오기 전까지 레드와인
에 별 관심이 없었다. '저렴한' 입맛 탓에 맛도 잘 모르겠고, 먹
을 만한 레드와인은 값이 터무니없이 비쌌기 때문이다. '가격
대비 효과'를 뜻하는 '가성비'에 민감한 월급쟁이였던 나는 굳
이 와인을 마셔야 한다면 화이트와인을 마셨다(내가 가장 즐겼
던 술은 '낮은 가격에 높은 효과'를 보장하는 '고량주'였다).

프랑스와 이탈리아 등 구대륙의 레드와인은 나에게 경계의

대상이었다. 미국이나 호주의 와인과 달리 보디감도 약하고 향기도 별로인데 비싼 탓이었다. 레드와인을 마셔야 한다면 묵직한 맛에 합리적인 가격인 미국의 '진판델'이나 호주의 '시라'를 선택했다.

그런데 이탈리아에서 이런 생각은 완전히 바뀌었다. ICIF는 이탈리아 와인의 성지라고 할 수 있는 피에몬테주에 자리잡고 있다. 학교가 있는 아스티와 옆 도시인 알바는 프랑스의 부르고뉴·보르도와 함께 세계 3대 레드와인 산지다. 이 지역에서는 '네비올로'와 '바르베라'라는 포도 품종이 유명하다.

네비올로는 '타닌의 채찍'이라고 할 만큼 떫은맛이 특징이다. 그러나 10년 이상 장기 보관하면 부드러워지면서 독특한 향기와 맛을 가진 와인으로 변신한다. 오래 숙성된 네비올로로 만든 '바롤로(지역 이름이 와인 이름으로 굳어졌다)'는 이탈리아에서도 비싸다. 그래서 바롤로는 몇 번밖에 못 마셔봤지만 향기와 맛이 놀라웠다. 잘 익은 붉은 과일이나 바닐라 같은 향신료의 맛을 느낄 수 있었다. 레드와인에 왜 사람들이 지갑을 여는지 알 수 있었다.

바르베라는 과일 맛과 꽃향기가 특징인데, 숙성을 오래 하지 않아도 상큼한 맛이 난다. 값은 바롤로에 견줘 싸다. 퇴직금

알바시에 있는 와이너리 '다밀라노'에서 빈티지가 다른 바롤로 3병을 시음했다. '타닌의 채찍'이란 말을 들을 만큼 날카로운 바롤로는 장기 숙성이 되면 깊고 부드러운 맛이 난다.

ICIF 뒷산에 있는 와이너리 '카스텔'에서 생산하는 '바르베라 다스티 수페리오레파숨'. 상큼한 맛이 일품이다.

을 털어서 이탈리아에 유학 온 내 주머니 사정은 늘 빠듯했다. 그래서 비싼 바롤로 대신 바르베라를 많이 마셨다. 그러나 바르베라는 오래 숙성되면 바롤로만큼은 아니지만 풍부한 맛을 내는 저력도 있는 만만치 않은 녀석이다.

바르베라를 많이 마셨던 것은 연고주의 탓도 있다. 바르베라의 주요 산지는 학교가 있는 아스티다. 네비올로는 아스티의 바로 옆 도시인 알바와 쿠네오 등에서 주로 생산한다. 그런데 알바와 아스티는 사이가 좋지 않다. 아스티에서 생산하는 송로버섯인 '트러플'이 알바의 이름으로 팔리는 탓이다.

트러플은 독특한 향기 덕에 '땅속의 다이아몬드'라는 별명이 있을 만큼 비싼 식재료다. 우리나라의 봄철에 경북 울진에서도 대게가 많이 잡히는데 대부분 옆 동네인 '영덕' 대게로 팔리는 것과 비슷하다. 게다가 나는 학교 다닐 때 매일 아침저녁으로 학교 뒷산에 있는 바르베라가 자라는 포도밭을 운동 삼아 올랐기 때문에 바르베라가 누이처럼 살갑다.

이탈리아엔 네비올로와 바르베라만 있는 것이 아니라 포도의 품종이 600종이 넘는다고 한다. 네비올로나 바르베라처럼 유명한 것 말고도 처음 마셔보는 품종도 많았다. '프리미티보'는 값은 싸지만 진한 맛이 일품이었는데, 알고 보니 내가 한국에서 즐겨 마시던 미국의 진판델과 같은 품종이었다. 이 품종은 진판델보다 보디감은 약하지만 더 부드럽다.

이탈리아 고추인 페페론치니의 고장으로 유명한 칼라브리

아의 '치로' 와인 맛도 새로웠다. 시칠리아의 '네로 다볼라'도 맛과 향이 근사했다. '슈퍼 토스카나'까지는 아니었지만 '산지오베제'로 유명한 토스카나 와인도 10유로면 충분히 괜찮은 걸 고를 수 있었다. 이처럼 다양한 포도 품종은 와인에 대한 경험의 폭을 넓혀주었다.

학교 수업도 와인을 이해하는 데 도움이 됐다. ICIF 수업 시간은 오전과 오후 파트로 나뉘는데 각각 3~4시간씩 연강을 한다. 와인 수업은 오전과 오후 파트를 통틀어 12번이나 이루어졌다. 시간으로만 따지면 40시간 이상이다. 요리 수업을 제외하면 가장 많은 시간이 할애된 수업이었다. 그만큼 와인이 중요하다는 뜻일 테다.

수업의 내용도 알찼는데 이탈리아 각 지역의 와인을 소개하면서 시음도 할 수 있게 했다. 그 덕분에 여러 지역의 레드·화이트 와인은 물론 스푸만테나 알콜 도수가 높은 주정 강화 와인을 마셔볼 수 있었다.

가장 기억에 남는 내용은 와인과 음식의 궁합을 가르치는 수업이었다. 학교에서는 이탈리아 소믈리에 협회의 '아비나멘토abbinamento'라는 방법론으로 이를 설명했다. 아비나멘토는 '연결하다'라는 뜻의 이탈리아어인 '아비나레abbinare'에서 온 것으로, 음식과 와인을 대응시켜놓고 향과 맛의 상호 보완적 관계를 이용해 음식과 와인이 얼마나 조화되는지 측정한다.

예를 들어 고기의 지방은 타닌에, 음식 고유의 단맛(설탕 맛을 제외한 과일이나 채소 자체가 가진 단맛)은 와인의 산도에 각각 대응한다. 또 음식의 매운맛 등 향신료의 향은 와인 향의 강도와 지속성에 대응한다. 이 표를 보면 양념이 강하고 기름기가 많은 소고기나 양고기 요리에 숙성이 잘 돼 향이 강하고 타닌이 적당한 레드와인이 잘 어울리는 이유를 알 수 있다.

실제로 수업 도중에 소고기·생선·치즈 요리와 함께 각종 와인을 시음하기도 했다. 수업 시간에 술을 마시는 해방감도 괜찮았지만 음식과 와인의 미묘한 균형감을 머리가 아니라 몸으로 느낄 수 있어 더 좋았다. 치즈 가루를 음식에 뿌리느냐 마느냐에 따라 방금까지 마시던 와인 맛이 다르게 느껴졌다. 한국 음식인 해물파전으로도 실험해봤는데 초간장을 찍어 먹느

토리노에서 가장 큰 시장인 '포르타 팔라조'에 있는 와인숍 내부의 모습.
10유로 미만의 와인이 대부분이다. 나의 단골 와인 구입처였다.

냐 마느냐에 따라 화이트와인의 맛이 뚜렷하게 달라지는 걸 느낄 수 있었다.

이탈리아에 오기 전까지 나는 '와인은 그저 많이 마셔보는 게 최고'라고 여겼다. 고리타분한 다다익선의 함정에 빠져 있었던 것이다. 이런 편견 탓에 레드와인을 '신 포도'로 생각했다. 그러나 이탈리아에서 겪어보니 와인은 이탈리아 음식과 씨줄, 날줄로 엮여 음식 문화의 뼈대를 이루고 있었다. 술과 음식이 서로에게 영향을 미치며 발전해온 것이다. 한국에서는 소주나 청주가, 중국에서는 고량주가 분명 이런 역할을 해왔으리라.

하지만 나에게 술은 음식이라기보다는 스트레스를 풀고 어색한 분위기를 누그러뜨리는 묘약으로 더 친숙하다. 어떤 음식이 나오더라도 '소폭(소주를 섞어 만든 폭탄주)'을 만들어 마셨던 내 오래된 취향을 이제는 고쳐볼 생각이다.

작다고 해서 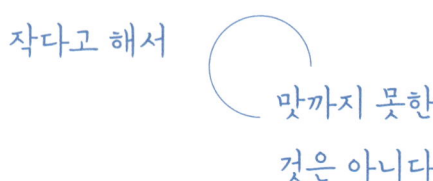 맛까지 못한 것은 아니다

나는 어릴 때부터 아웃사이더(이른바 '아싸') 기질이 풍부했다. 본질과 거리가 멀수록 더 좋아했다. 다른 사람들도 비슷했겠지만 초등학교와 중학교 때 국·영·수(국어·영어·수학)보다는 음·미·체(음악·미술·체육)가 좋았다. 물론 음·미·체도 학교 수업과 관련 없는 비공식적인 게 더 좋았다.

가령 체육 시간에 하는 육상이나 구기 운동보다는 그냥 고무공을 가지고 친구들과 하는 '짬뽕(방망이나 야구 글러브 없이 손으로만 하는 야구)'이 좋았고, 수채화나 데생보다는 만화나 흙장난이 좋았다. 어릴 때부터 뭔가 딱 부러지고 틀에 박힌 것을

싫어했던 듯하다.

　이탈리아에 요리 유학을 가서도 마찬가지였다. ICIF 수업이 이내 답답해졌다. 졸업 후 인턴을 할 때, 레스토랑에서 손님들이 가장 많이 주문하는 음식은 '바투타(육회)'와 '필로네(소척수 볶음)'였다. 그만큼 이탈리아 북부 피에몬테의 음식 문화는 육류 중심이었고 학교 교과과정도 예외는 아니었다. 해산물 요리를 하고 싶은 나에게 별 도움이 되지 않을 토끼 간이나 닭볏 따위를 다루는 레시피도 있었다.

　그래서 국·영·수라고 할 수 있는 요리 수업보다는 음·미·체 격인 그 외의 수업들이 때로는 더 기다려졌다. 와인 수업이 더 그랬다. 학교가 있던 북부 이탈리아의 코스틸리올레는 레드와인의 원료인 바르베라와 화이트와인의 원료인 모스카토 생산지다. 매일 아침저녁으로 나는 이곳을 산책했고 포도나무가 커가는 것을 지켜볼 수 있었다.

　포도밭이 있으니 주변에 와이너리도 많았다. 이 가운데 내가 주로 다니던 산책로에 있던 '카슬렛'은 호기심을 자극했다. 이 집은 한여름에도 눈이 녹지 않는 알프스를 볼 수 있는 기숙사 뒤 언덕 꼭대기에 있었다. 이곳은 3월에도 낮에는 반소매를 입을 만큼 더웠고 4월에도 아침저녁으로는 입김이 날 만큼 쌀

와이너리 '카슬렛'은 ICIF 기숙사 뒤 언덕 꼭대기에 있다.
이 언덕에서는 알프스를 볼 수 있다.

쌀했다. 변화무쌍한 날씨에도 포도나무는 무럭무럭 자랐다. 이런 날씨에 어떤 포도알이 맺히고 어떤 맛의 와인이 빚어질지 너무 궁금했다. 당연히 카슬렛은 내가 이탈리아에서 가장 먼저 방문한 와이너리가 될 수밖에 없었다. 그런데 이 와이너리는 너무 작았다. 그래서 이 집이 그렇게 유명한 곳이라는 생각을 하지 못했다.

10여 년 전에 프랑스 보르도의 5대 와인을 생산하는 와이너리 가운데 한 곳을 가봤다. 8월에 갔는데 푸른 포도밭에 덕수궁의 석조전을 닮은 성이 서 있었다. 규모도 생각보다 크고 모든 것이 잘 정리돼 있었다. 깔끔하고 우아했지만 친근함은 없었다. 포도밭 사이에 "모두 말에서 내리시오"라고 쓰여 있는 하마비下馬碑가 숨어 있을 듯했다.

학교 뒷산의 카슬렛은 보르도의 와이너리와 대척점에 있었다. 작지만 정겹고 아기자기했다. 하마비 대신 방문객끼리 놀 수 있도록 멍석이 깔린 듯한 느낌이었다. 실제로 나와 요리학교 동기들을 맞았던 여주인은 무려 와인 6병을 내주고 잠시 사라졌다. 우리는 이 와인을 신나게 마셨다. 무료였다. 안주라고 해야 치즈와 과자가 전부였지만 와인 맛이 좋았다. 와이너리의 창 너머로 포도밭 풍경이 펼쳐졌다. 그 밭 너머로 산들이 보였고 그 산들은 눈 덮인 알프스로 이어졌다.

학교 주변의 와이너리를 경험하는 일은 대부분 유쾌했다. 두 번째로 방문한 와이너리 '보에리 비니'는 일요일에 학교 근처 성당에서 미사를 다녀온 뒤 신자들과 함께 갔다. 그날 100명이 넘는 신자 가운데 동양인은 나밖에 없었다. 그래도 이탈리아 교우들은 나를 따뜻하게 맞아주었다. 그리고 몇몇 신자끼리 미사 후 인근 와이너리에서 준비하는 점심 식사에 초청도 해주었다. 와이너리에서 스푸만테를 빵과 살라미(이탈리아의 햄)를 곁들여 함께 마셨다. 마치 한국 성당에서 미사를 끝내고 잔치국수를 먹는 것처럼 푸근한 느낌을 받았다.

학교의 현장학습 차원에서 방문한 와이너리 '포데리 데이 브리키 아스티지아니'는 스푸만테의 제작 방법을 볼 수 있어

〔 레스토랑에서 인턴으로 일하다 〕

'보에리 비니'에서 성당 미사를 끝내고 온 주민이 스푸만테를 마시고 있다. 주방에서는 와이너리 가족들이 점심을 준비하고 있다.

유익했다. 스푸만테는 1년쯤 숙성한 화이트와인을 개별 와인 병에 담은 뒤 병 속에서 2차 발효를 일으켜 탄산가스를 발생시 키고, 이 가스의 힘으로 내부 침전물을 빼낸 뒤 코르크 마개를 끼우는 과정을 거친다.

　책으로만 배웠던 이 복잡한 과정을 와이너리 관계자의 도움으로 현장에서 자세히 볼 수 있었다. 거기다 이날은 오전·오후 수업이 없었기 때문에 나와 동기들은 이곳의 스푸만테를 포함해 모든 와인을 마음껏 마실 수 있었다. 학교에서 전세 버스를 제공해 기숙사로 돌아가는 차편 걱정이 없었다. 우리는 모처럼 '주중 낮술'을 즐길 수 있었다.

정겹고 푸근했던 아스티의 와이너리와 달리 바로 옆 도시인 알바의 와이너리는 조금 달랐다. 알바는 세계 3대 레드와인으로 알려진 바롤로의 주요 생산지다. 바롤로의 랑게 지역에서 생산하는 와인이 유명하다. 랑게 언덕은 유네스코 세계문화유산으로 등재되기도 했다.

5월 초 주말을 이용해 랑게의 와이너리 두 곳을 견학했다. 프랑스 보르도의 와이너리만큼 크고 웅장하지는 않았지만, 그 명성에 걸맞게 랑게의 와이너리들은 아스티의 와이너리보다 규모가 크고 매우 화려했다.

일단 포도밭부터 달랐다. 코스틸리올레의 포도밭 언덕이 완만한 구릉이라면 랑게의 포도밭 언덕은 더 가팔랐다. 거의 산이나 고개에 가까웠다. 코스틸리올레가 포도밭과 숲과 집이 조화를 이룬 목가적 풍경이었다면 랑게는 포도밭만 끝없이 펼쳐져 풍광의 재미가 덜했다.

거기다 아스티의 와이너리에서는 시음이 공짜였다면 바롤로에서는 돈을 내야 했다. '노 네임'이라는 와인으로 유명한 '보르고뇨'는 시음도, 와이너리 견학도 모두 돈을 받았다. 한 잔에 20유로를 내고 시음한 보르고뇨의 2016년 바롤로는 숙성이 되지 않았다는 점을 고려하더라도 맛이 없었다. 또 와이너리를 미술관처럼 잘 꾸며놓았지만 바롤로시 중심에 있어 포도밭도 볼 수 없었기에 답답했다.

〔 레스토랑에서 인턴으로 일하다 〕

와이너리 '다밀라노'의 와인 저장고.
끝없이 놓인 오크통이 바롤로의 인기를 짐작게 한다.

 같은 랑게의 와이너리인 '다밀라노'에서는 견학은 무료였지만 시음에 20유로를 받았다. 그래도 이곳에서 시음할 때는 서로 다른 세 가지 빈티지 바롤로 와인을 마실 수 있었다. 2007년산 '바롤로 리스테'는 환상적인 숙성의 맛을 느끼게 해 주었다.

 와인 맛이 모두 다르듯 와인을 만드는 와이너리 역시 제각각이다. 또 힘들게 찾아간 와이너리에서 마시는 와인이 더 맛있는 것도 아니었다. 내 짧은 경험을 놓고 말한다면 와이너리에서 중요한 것은 양조 과학이나 와인의 명성이 아니라 포도밭의 풍광 같은 주변 환경과 와이너리 사람들과의 교감이다. 내가 랑게 언덕에 있는 유명 와이너리보다 학교 근처의 와이너리에 더 끌리는 것도 이런 이유에서였다.

앞으로 기회가 된다면 유명하고 화려한 와이너리가 아니라 시골의 작고 정겨운 와이너리를 좀더 방문해보고 싶다. 카베르네 소비뇽, 네비올로, 산지오베제 같이 널리 알려진 품종이 아니라 아스티의 바르베라처럼 그 지역 특유의 품종을 사용하는 와이너리면 좋겠다. 국·영·수보다는 음·미·체를 더 중요하게 생각하는 버릇은 이탈리아에서도 여전한 듯하다.

다섯 번째 맛

일단 한번 마셔보시라니까요
와인

나는 성정이 조금 삐딱하다. 남의 말을 잘 안 듣는데다 권위를 의심하는 성향이 있다. 특히 비합리적인 것을 잘 이해하지 못한다. 어쩌면 기자는 나의 천직이었다.

내가 접한 음식 가운데 좀 비합리적이라고 생각했던 것이 레드와인이었다(푸아그라나 캐비아 등도 비합리적이다. 트러플은 가격이 좀 있지만 개인적으로는 먹어볼 가치가 있는 식자재라고 생각한다). 그중에 레드와인은 맵고 짠 음식이 많은 한국 음식과는 아예 맞지 않는다고 여겼다.

주로 포도 껍질에 함유된 타닌의 떫은맛과 한식에서 중요한 재료인 고춧가루의 매운맛은 상극이다. 타닌과 어울리는 맛은 기름진 맛이다. 그런데다 레드와인의 가격은 터무니없이 비싸다. 그 이유는 타닌의 맛을 부드럽게 하고 향을 입히는 숙성기간이 긴 탓이다.

반면 화이트와인은 다르다. 화이트와인엔 타닌이 거의 없고 단맛과 신맛이 있어서 한국 음식과 잘 어울린다(다만 화이트와인도 오크통에 오래 숙성할 경우 오크에 있는 타닌이 녹아들어, 숙성기간이 길고 보디감이 좋은 화이트와인은 한식과 맞지 않을 수도 있다). 특히 스파클링와인은 떡볶이나 짜장면과도 어울리는 대단한 친화력을 가지고 있다.

　이렇게 한식과 잘 어울리는 화이트와인은 하이엔드급도 같은 지역에서 생산하는 레드와인 가격의 10분의 1도 되지 않는다. 거기에 고기를 별로 좋아하지 않는 나의 식성도 나를 화이트와인 예찬론자로 만들었다. 나는 뉴질랜드의 소비뇽 블랑, 이탈리아의 가비, 프랑스 부르고뉴의 화이트와인과 스파클링와인(크레망)을 좋아한다.

　그런데 이런 생각이 이탈리아에서 완전히 깨졌다. 이탈리아의 레드와인이 생각 밖으로 너무 맛있었기 때문이다. 그렇게 혀를 내두르게 맛있는 와인의 가격은 20유로 내외였다. 이탈리아에서 와인을 마시지 않는 것은 내 인생 경험에서뿐 아니라 금전적으로도 손실이라고 생각할 수밖에 없었다. 마시는 게 남는 거라는 생각을 하게 되었다.

　일단 ICIF가 세계 3대 레드와인 산지인 피에몬테에 있다. 학교는 외국인 학생들에게 와인을 이탈리아 요리에서 가장 중요한 요소로 각인시키기 위해 끊임없이 노력했다. 학교 주변에는 와이너리가 천지였고 근처 음식점에서 무심하게 내놓는 하우스 와인도 근사했다. 심지어 슈퍼마켓에서 파는 5유로짜리 와인마저도 맛있었다.

　그 덕분에 학교 주변에서 키우는 포도 품종인 바르베라, 돌체토, 모스카토, 브라케토, 네비올로, 코르테제 같은 다양한 포도로 만든 와인을 섭렵했다. 피에몬테주 아스티라는 작은 도시에 이렇게 다양한 품종의 포도가 있다는 것이 신기했다. 그 가운데 나의 편견에 결정타를 먹인 것은 아스티 옆 알바에서 생산하는 바롤로였다. 바롤로에 가서 숙성되어 농밀한 바롤로를 마시고 나서 나는 레드와인에 대해 삐딱한 시선을 거둘 수 있었다.

전 세계 와인의 다크호스

이탈리아엔 2,000여 종이 넘는 포도 품종이 있고 이 가운데 600여 종이 와인으로 출시된다고 한다. 사실 포도 품종이 너무나 많아서 어떤 와인을 먹을까 매일 즐거운 고민을 할 수 있는 곳이 이탈리아다. 프랑스와 미국 등도 와인으로 유명하지만 다양성만 놓고 보면 이탈리아를 따라갈 수 없다. 이 중에서 가성비가 뛰어나고 한국에서도 쉽게 고를 수 있는 레드와인 몇 가지를 소개해본다.

먼저 피에몬테의 '네비올로'다. 이 품종은 레드와인에 대한 나의 편견을 바로잡아줬을 정도로 잠재력이 풍부하다. 네비올로 가운데 오래 숙성하는 조건 등을 갖춘 것에만 '바롤로'라는 이름이 붙는다. 그만큼 오래 숙성했기 때문에 가격은 네비올로에 견줘 두 배쯤 비싸다. 따라서 네비올로를 마셔보고 맛이 괜찮다고 하면 그 와이너리의 바롤로를 마시면 된다.

〔 일단 한번 마셔보시라니까요 〕

진한 보디감에 베리berry 종류의 맛을 좋아한다면 피에몬테의 '돌체토'나 '바르베라'를 권한다. 이 와인들은 가성비가 아주 좋다. '브라케토'도 흥겨운 술이다. 포도의 당도가 높아 2차 발효를 따로 하지 않아도 거품이 생긴다. 향기로운 제비꽃 내음이 나는 스파클링와인으로 한국에도 많이 들어와 있다. 피에몬테의 '가비' 역시 스스로 거품이 생기는 우아한 맛의 화이트와인이다.

다음으로 내가 좋아하는 건 '에트나 로소'다. 시칠리아의 활화산인 에트나산 주변의 와이너리에서 만드는 것인데 신기하게도 와인에서 화산재 맛이 난다. 거기에 강렬함까지 갖추고 있다. 화산재로 이루어진 토양에 영양분이 풍부하기 때문이다. 최근에는 토스카나나 피에몬테의 젊은 양조가들이 시칠리아에 가서 실험적으로 만들고 있는 와인들도 있다. 기대 이상의 맛을 느낄 수 있다.

비슷하게 화산 토양에서 자란 포도로 만드는 캄파니아의 '타우라시'도 주목할 만하다. 이 와인은 낙엽 맛, 가죽 맛, 과일 맛 등이 특징이다. 로마의 황제가 마셨다는 기록이 있을 정도로 유서 깊은 와인이다. 이웃 동네 풀리아의 '프리미티보'도 추천하고 싶다. 미국의 '진판델'과 같은 품종인데 그것과 견줘 맛이 좀더 은은하고 복합적이다. 최근에 와이너리들이 맛에 변화를 주기 위해 새로운 숙성 방법을 써서 오크 향, 가죽 향 등 다양한 향을 느낄 수 있다. 가성비가 좋아 초보자들에게 권한다.

시칠리아 화이트와인엔 왜 눈물이 날까

토스카나 와인은 너무 유명해서 과문한 내가 소개하기 민망할 정도다. 다만 이 지역의 대표 품종인 산지오베제는 지역마다 맛이 다르며 또 어떤 포도를 어떻게 블렌딩하느냐에 따라 맛이 확연히 달라진다. 따라서 자신의 취향에 맞는 지역과 와이너리를 고르는 일이 필요하다.

내 입에는 전통적인 토스카나 와인보다 프랑스의 포도 품종을 블렌딩한 '슈퍼 토스카나'가 더 잘 맞는다. 슈퍼 토스카나는 사실 산지오베제의 함량 기준을 따르지 않아 DOC를 받지 못했던 와인인데, 오히려 외국에서 이 와인을 더 높게 평가하면서 별도의 장르로 자리 잡은 와인이다. 당연히 가격이 비싼데 이들 와이너리에서 대중적인 데일리 와인도 출시하고 있어 좀더 쉽게 접근할 수 있다.

하지만 나는 여전히 레드와인보다는 화이트와인을 주로 마신다. 특히 시칠리아산 화이트와인은 눈에 띄면 사는 편이다. 시칠리아의 화이트와인을 마시면 묘하게 시칠리아 사람들의 정서가 느껴진다. 시칠리아인들은 문명이 시작된 이후 100여 년 정도만 빼고 식민지 민족으로 살았다.

시칠리아는 역사적으로 페니키아인부터 시작해서 그리스, 카르타고, 이슬람, 노르만, 스페인, 프랑스의 식민 통치를 받았다. 이는 시칠리아뿐 아니라 로마 아래의 남부 이탈리아도 비슷하다. 그렇지만 그들이 그렇게 식민 지배를 당하고 있을 때 볼로냐, 피렌체, 밀라노 등 중북부

〔 일단 한번 마셔보시라니까요 〕

시칠리아 마르살라에 있는 '돈나 푸가타' 와이너리의 정원.
독특한 정원수로 눈길을 끈다.

시칠리아의 특산품인 거대한 레몬 체드로와 피스타치오를 넣은 독특한 치즈와 와인을 넣은 살라미는 시칠리아 화이트와인인 '안틸리아'와 잘 어울린다. '체드로'는 매우 신데 소금과 함께 먹으면 별미다.

    도시는 자유도시(12~13세기의 중세 유럽에서 지방의 영주나 지방 주권에 소속되지 않고 국왕이나 황제 등 중앙 주권에 직속되어 있던 도시)가 되었고 시민사회를 구성했다.

    그들은 왕과 귀족의 통치를 막기 위해 많은 자치조직과 직능조직을 만들었다. 이탈리아가 한 국가가 아니라 많은 도시국가로 존재했던 이유였다. 물론 북부 도시들도 자유를 무한정 누린 것은 아니었다. 주변 국가나 이웃 도시와 끊임없이 전쟁을 벌였고 그 결과 이민족의 식민 통치를 받기도 했다. 그러나 북부가 자유도시와 시민사회의 경험을 가진

〔 일단 한번 마셔보시라니까요 〕

반면 남부는 역사가 기록된 이후 몇 백 년을 제외하고는 식민 지배를 겪었다.

남부와 북부의 이런 역사적 배경의 차이는 현재 이탈리아의 지역 간 경제적 격차의 한 원인으로 꼽힌다. 현재 이탈리아 남부와 북부의 소득 격차는 옛 동독과 서독의 격차보다 더 크다고 알려져 있다. 그들이 얼마나 핍박받았을지 상상이 가지 않는가?

시칠리아에 있을 때 그들의 전통음악 공연을 보러 간 적이 있었다. 그들의 음악엔 포르투갈의 파두와 비슷하게 아련한 슬픔이 깔려 있었다. 시칠리아 화이트와인에는 그런 애잔한 맛이 있다. 특히 '도망친 여인'이라는 뜻의 '돈나 푸가타Donna Fugata'가 생산한 화이트와인들이 그렇다. 돈나 푸가타 와이너리에서 생산한 화이트와인을 차갑게 해놓고 빌리 홀리데이나 엘라 피츠제럴드의 재즈를 들으면서 마시면 마음 밑바닥에서 나도 모르게 물결이 일렁이는 게 느껴진다. 화이트와인은 대부분 사람의 기분을 고무하는데 시칠리아 화이트와인은 그 반대라고 하겠다.

3장

시칠리아에서 이탈리아를 맛보다

한식
없이는
못 살아

내 짐이 달라졌다. 9월에 한국에서 이탈리아로 다시 나오기 위해 꾸린 짐은 3월 초와 달리 매우 가벼워졌다. 3월 초 가방에서 가장 큰 무게를 차지했던 요리 관련 책과 이탈리아어 교재를 우선 빼버렸다. 많은 부피를 차지했던 전기밥솥과 휴대용 전기 조리기도 넣지 않았다. 3월에는 이런 것들이 짐의 절반이었다.

그 대신 간장, 고추장, 고춧가루, 생강가루 같은 한국식 양념을 챙겼다. 3월에는 이렇게 맵고 짠 양념을 전혀 가져가지 않았다. 라면과 물냉면 같은 면류도 챙겼다. 이탈리아에서는 신라면, 삼양라면, 너구리, 비빔면 같이 잘 알려진 라면은 얼마

〔 시칠리아에서 이탈리아를 맛보다 〕

이탈리아에는 한국의 꽁치 통조림 대신 정어리 통조림이 있다. 고춧가루와 간장만 있으면 한국에서 먹던 것과 비슷한 생선찌개를 끓일 수 있다. 두부 역시 이탈리아 슈퍼마켓에서 판다.

든지 구할 수 있다. 하지만 물냉면, 감자면, 해물짬뽕, 육개장 칼국수 같은 건 구하기 어렵다. 그래서 현지에서 구할 수 없는 면류를 주로 챙겼다. 그리고 이탈리아에서는 절대 구할 수 없었던 구운 김, 미역 같은 해조류도 챙겼다. 중국 김이나 일본 김은 이탈리아에서도 구할 수 있지만 질이나 향에서 한국 김만 못하다. 나는 입맛이 없을 때 간장과 참기름을 넣고 밥을 비벼 구운 김에 싸먹는 걸 즐긴다.

이때 싼 짐을 보면 어떤 나라에서나 현지 음식을 즐기면 충분하다고 생각했던 3월 초와는 180도로 달라진 모습이다. 내 마음이 변한 이유는 반년 가까이 이탈리아에서 오래 체류한 경험 때문이다. 이렇게 긴 외국 체류는 나에게 처음이었다. 그전까지 길어야 보름 정도 해외로 출장을 다녀온 일이 전부였다. 그때는 한식에 대한 그리움 정도는 있었어도 그게 사무쳐 꿈에 음식이 나올 정도는 아니었다.

그전에는 외국에서 한식이 생각날 때 중국 음식점이나 일본 라멘집에서 두반장이나 고추기름을 잔뜩 쳐서 먹으면 금세 괜찮아졌다. 하지만 체류 기간이 길어지면 그런 대체품이 나에게는 별 효용이 없다는 걸 깨달았다. 대표적인 음식은 평양냉면이었다. 평양냉면이 너무 먹고 싶어 향수병에 걸릴 정도였다.

향수병은 애교였다. 6월에 시작한 레스토랑 인턴 생활은 한국 나이로 쉰이 넘은 나에게는 중노동이었다. 나는 한 달 만에 입고 간 바지가 맞지 않을 정도로 체중이 급감했다. 체중계가 없어서 이탈리아에서는 측정해보지 못했는데 나중에 한국에 와서 재보니 몸무게가 75킬로그램에서 67킬로그램으로 8킬로그램이나 빠졌다. 허리도 32인치에서 30인치로 2인치가 줄어 있었다. 이른바 '노예 다이어트'였던 셈이다.

처음에는 체중이 빠지는 것을 은근히 즐겼다. 거울에 비친 내 모습은 내가 평생 처음 보는 날씬한 모습이었다. 하지만 체중이 급격하게 빠지는 것은 결코 반가운 일이 아니다. 기력과 근력을 동시에 빼앗아가기 때문이다. 이탈리아 오기 전에 이미 사례를 들은 바 있었다.

입학 전에 나와 동기들은 이탈리아에서 먼저 공부했던 선배들을 서울의 예비학교에서 만났다. 그들 가운데 1년 사이 거의 20킬로그램이 빠진 사람이 있었다. 그는 하루에 20시간 가깝게 일을 했다고 했다(그는 연회가 많은 호텔에서 인턴을 했는데 이탈리아 연회는 거의 밤을 새우는 수준이다). 나는 그게 내 일이 아닐 것이라 생각했는데 오산이었다.

내가 인턴으로 일했던 레스토랑에도 1~2주일에 한 번 정도는 연회나 단체 손님이 있었다. 30~40명쯤이면 꽉 차는 레스토랑에 무려 100명이 오는 날도 있었다. 그렇게 많은 손님이 오면 사흘 전부터 분주했다. 케이터링(음식 공급 서비스)도 끔찍했다. 엄청난 양의 식재료를 며칠 동안 손질하고 요리하고 그걸 전부 차량으로 날라야 했기 때문이다.

이런 중노동을 하면 체력이 소진되는 건 물론이고 입맛도 잃었다. 레스토랑에서 아무리 DOP 마크가 붙은 최고급 햄과 치즈로 만든 식사를 내놓아도 선뜻 손이 가지 않았다. 거기다 7~8월 이탈리아의 날씨는 40도에 육박하는 무더위였다. 그나마 손이 간 음식이 수박이었다. 그랬으니 살이 빠질 수밖에 없었다.

그런데 몸에서 살이 가장 많이 빠지는 곳은 배나 얼굴이 아

케이터링용으로 만든 고기쌈 튀김. 350여 개를 1시간 만에 만들었던 것 같다.
고기에 치즈와 바질 소스를 넣은 쌈 3개를 꼬치에 꽂아 튀긴다.
맛은 괜찮지만 이렇게 한꺼번에 만들어 튀긴 다음에는 쳐다보지도 않게 됐다.

니라 허벅지였다. 나는 이탈리아 유학을 오기 2~3년 전부터 매일같이 할 수 있는 만큼 스쿼트를 했다. 그 덕분에 내 허벅지엔 매우 탄력이 있었고 걷는 것만 놓고 보면 스무 살 어린 동기들에게 뒤지지 않았다(물론 동기들처럼 수업이 끝나고 축구를 하지는 못했다. 수업 뒤 축구는 정말 젊음의 특권이다).

하지만 6월에 인턴을 와서는 딱 첫 주 이틀만 운동을 했다. 인턴 3일차부터는 강도 높은 노동 탓에 운동할 생각을 하지 못했다. 그 대신 하루에 14시간 이상을 서 있고 레스토랑 안에서도 하루에 1만 보를 걷기 때문에 나는 운동이 충분하다고 최면을 걸었다.

그러나 오판이었다. 다리와 엉덩이가 탄력을 잃기 시작했다. 특히 몇 년간 스쿼트로 다져놓은 허벅지 앞쪽 근육이 허무하게도 한 달 만에 사라져버렸다. 그때 내 다리는 노인 다리와 같은 모습이었다. 그제야 나는 노동과 운동이 전혀 다르다는 걸 깨달았다.

나는 바닥난 체력 덕에 여름휴가를 이탈리아가 아니라 한국에서 보냈다. 한국에서 아내를 불러 함께 이탈리아를 여행하겠다는 장밋빛 계획은 접었다. 동기들이 차를 빌려 한국의 가족과 함께 이탈리아 일주 여행을 즐길 때 나는 서울로 와야 했다.

서울에서 내 목표는 원기 충전이었다. 그런데 나는 한국에 와서 예전에는 거의 먹지 않았던 곱창전골과 선짓국이 당겼다 (그러고 보니 나는 이탈리아에서 소 내장을 토마토소스에 끓인 '트리파'를 그렇게 좋아했는데 그게 다 이유가 있었던 것 같다). 또 홍어, 장어탕, 묵은지 김치찌개, 갓김치 등을 찾아서 먹었는데 대부분 향과 맛이 강한 대표적인 한국 음식이다.

한 달 정도를 이렇게 먹었더니 체중이 이탈리아로 떠나기 전으로 돌아왔다. 이른바 요요 현상이었는데 나는 이 현상이 반가웠다. 체중이 늘어서인지 향이 강하고 매운 음식을 먹어서인지 모르겠지만 몸이 한결 좋아졌기 때문이다. 나이가 들어 체중이 빠지면 안 된다고 하더니 그 말이 맞는 듯했다. 이탈리아에서 맨 처음 나왔을 때 나는 우리 아파트의 완만한 언덕길을 잘 걸어 올라가지 못할 정도였지만 이내 동네 한 바퀴를 뛸 수 있는 체력으로 돌아왔다.

나는 이탈리아에서 돌아와 다시 찾은 기력을 잃지 않을 방법을 많이 고민했다. 이탈리아가 아무리 미식의 나라라고 하지만 내 몸속에는 한반도에 살았던 조상들이 오랜 시간에 걸쳐 일군 전통 음식을 요구하는 DNA가 분명히 존재한다는 것을 알았다. 이 DNA의 요구를 주의 깊게 듣지 않으면 향수병에 걸려 무기력해지거나 심하면 서 있을 힘조차 없는 상황이 올 수 있다는 것을 나는 이탈리아에서 경험했다. 그런 면에서 한국 음식은 이탈리아에서 나를 지키는 가장 손쉽고 확실한 방법이었다.

그해 9월 내가 인천에서 출발해 토리노공항에 도착한 시간은 거의 자정이 다 돼서였다. 서울에서는 토리노까지 직항이 없어 독일 프랑크푸르트에서 환승해 18시간이 걸렸다. 숙소에 도착하자마자 나는 고춧가루와 마늘을 잔뜩 넣어서 인스턴트 육개장 칼국수를 끓여 먹었다. 매운 향기에 스트레스가 날아가 버렸다. 역시 한식이었다.

또
다른 땅,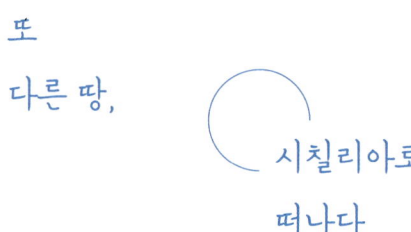
　　　　　　시칠리아로
　　　　　　떠나다

　나는 9월 말 인턴을 했던 토리노 레스토랑에 가서 짐을 챙겨 나왔다. 6월부터 했던 인턴 생활을 끝낸 것이다. ICIF는 인턴십 기간이 다른 요리학교에 견줘 꽤 길다. 최장 8개월이다. 스승 밑에서 기술을 배우는 도제제도의 전통이 아직 강하게 남아 있는 탓이다. 이런 전통에 바탕을 둔 학교 커리큘럼대로라면 다음 해인 2020년 1월까지 인턴을 해야 했다.

　그렇지만 나는 5월 말 학교를 마칠 때 9월 말까지 인턴을 하겠다고 미리 말했다. 그 시기 서울 집의 전세 계약 연장 문제도 있었고 쉰이 넘은 내 체력으로 연말까지 이탈리아에서 견디기 어려울 것이라고 예상했다. 학교에서도 당시 "왜 인턴을 짧게 하냐"고 하다가 만학도의 사정을 고려해 승인해주고, 셰프도 나의 사정을 이해해줬다. 다행히 이렇게 인턴 기간을 짧게 마쳐도 졸업장을 받는 데는 큰 지장이 없었다.

동기들보다는 짧았지만 내가 인턴 생활에서 얻은 것은 적지 않다. 무엇보다 학교를 졸업하고 인턴을 마친 이듬해쯤 한국에서 레스토랑 개업을 하겠다는 생각을 거의 접었다. 인턴을 해보니 쉰이라는 나이에 레스토랑 개업이 쉽지 않다는 걸 뼈저리게 깨달았다. 지금까지 레스토랑 개업을 꺼린 이유는 경험 부족에 내 노후 자금을 날릴 수도 있다는 두려움 탓이었다. 그러나 인턴 생활을 해본 이후엔 레스토랑을 하다가는 골병들겠다는 걱정이 가장 앞섰다.

내가 인턴을 하기 위해 5월 말 라 베툴라를 찾아간 날, 셰프인 프랑코는 내가 "기자를 20여 년 동안 하다가 그만두고 셰프가 되려 한다"고 말하자 "기자 일을 계속하지 왜 이런 전쟁터에 뛰어들어?"라고 물어봤다. 그때는 그 말이 무슨 말인지 몰랐지만 곧 그 뜻을 알게 됐다.

그의 말대로 레스토랑은 전쟁터였다. 셰프는 불과 기름이 튀는 주방에서 직접 음식을 만들고 자신을 찾는 손님을 주방이나 홀에 가서 직접 응대한다. 또 매일 아침 음식 재료와 비품을 자신이 사온다. 가스레인지, 오븐, 냉장고, 고기 분쇄기, 고기 슬라이서, 반죽기, 젤라토 기계 등 레스토랑의 셀 수 없이 많은 장치가 망가지면 바닥에 무릎을 꿇고 가장 먼저 고치는 사람도 셰프였다.

심지어 셰프는 한 달에 2~3번씩 레스토랑에서 100킬로미터나 떨어져 있는 요리학교에 가서 강의도 했다. 강의가 있는 날은 아침 7시에 나가 오후 5시쯤 돌아오는데 와서는 다시 불 앞에 섰다. 그러면서 적어도 한 달에 한 번은 메뉴를 꼭 바꿨다. 옆에서 보고 있으면 셰프가 아프지 않은 게 이상할 정도였다. 실제로 셰프는 6월 중순 토리노 병원에 사흘간 입원해 개복수술을 받기도 했다. 내가 이탈리아에 유학을 다녀온 것을 가장 좋아하는 사람은 아내였다. 레스토랑 개업이라는 헛된 꿈을 내가 드디어 접었다고 생각했기 때문이다.

그렇지만 전쟁 같던 인턴 생활에서 배운 것도 많았다. 먼저 이탈리아 요리를 좀더 이해하게 됐다. 이탈리아 요리를 설명하는 "심플하지만 강렬하고, 강렬하지만 심플하다"는 모순적인 말의 뜻을 알게 됐다. 개인적으로 유학 기간에 얻은 최고의 소득이었다.

그건 재료에서 오는 강렬함이었다. 아프리카 같이 뜨거운 시칠리아에서부터 한여름에도 눈이 녹지 않는 북부 알프스에서 나오는 재료는 참 다양하다. 인턴을 했던 레스토랑에서는 북부 피에몬테의 송로버섯부터 남부 사르데냐의 생 참치까지 맛있는 재료가 매일같이 들어왔다. 이런 재료로 소스를 만들고 음식을 만들어보면 이탈리아 요리가 어떻게 단순한 조리법으로 강렬한 맛을 끌어내는지 금세 알 수 있었다.

두 번째로는 이탈리아의 지역성에 관심을 갖게 됐다. 이건 이탈리아에서 생긴 새로운 호기심이었다. 이탈리아 요리의 기본인 와인과 올리브오일은 지역마다 다르다. 파스타도, 햄과 치즈도 지역마다 맛과, 모양과, 제조법이 모두 다르다. 심지어 같은 주에 속하더라도 도시마다 다르다. 시칠리아에도 '팔레르모'와 '트라파니' 등 각 도시 고유의 파스타가 있다. 지역 사람들은 이를 전통이라며 엄청나게 애지중지한다. 뭐든지 서울의 것을 우위에 두고 지역의 것을 일단 낮게 보려는 우리 상황에서 보면 부러운 사고방식이다.

그런데 이는 이탈리아의 오래된 전통이다. 이탈리아에 살면서 작품 활동을 했던 러시아 문학가 니콜라이 고골은 "이탈리아의 도시는 시골이며 시골은 도시다"라고 말했다. 시골이든 도시든 고유한 스토리를 가진 이탈리아의 각 지역은 뚜렷한 개성을 가지고 있다. 음식은 그 개성을 드러내는 가장 대표적인 매개체다.

내가 이런 지역성을 쉽게 느낄 수 있었던 음식은 와인이다. 이탈리아엔 지역마다 전혀 다른 포도 품종으로 만든 와인이 있다. 한때 중앙정부에서 포도 품종의 통일을 종용했지만 지역에서는 이런 방침을 무시하고 자신들의 품종을 고수해왔다. 이탈리아에서 나의 유일한 사치는 이름도 생소한 미지의 와인을 마시는 거였다. 이래저래 힘들던 인턴 시절 이탈리아 와인은 나를 부드럽게 위로해주었다.

특히 시칠리아의 와인은 큰 즐거움이었다. 시칠리아에서는 기록상으로 2,700년 전부터 화산활동이 시작돼 지금도 계속되고 있다. 화산활동으로 뿜어져 나온 에너지 덕분에 시칠리아는 이탈리아에서도 비옥한 토양을 자랑한다. 시칠리아의 과일과 채소가 강한 색채와 향을 가지는 것은 이런 지리적 특성 때문이다. 그래서 시칠리아 포도로 만드는 와인은 레드나 화이트나 거의 실패하지 않았다.

ICIF 와인 강사인 에지오가 시칠리아 와인인 '돈나 푸가타'를 학생들에게 따라주고 있다. 이날 나는 시칠리아의 화이트와인을 처음 마셔봤다.

학교와 레스토랑에서 나는 피에몬테 음식과 피에몬테 와인인 네비올로나 바르베라를 많이 맛보았다. 피에몬테의 기름진 음식은 타닌이 강한 네비올로 품종의 포도로 만든 와인과 궁합이 잘 맞았다. 그렇다면 남부 해산물 요리와 남부 와인의 궁합은 어떨지 궁금했다. 나는 남부 레스토랑으로 인턴을 가고 싶었지만 여름의 극성수기에는 20대도 인턴 생활을 버티지 못한다는 학교의 만류로 뜻을 이루지 못했다.

인턴 기간이 끝날 무렵 나는 시칠리아행 교통편과 숙소를 알아보고 있었다. 귀국 전에 시칠리아의 태양 아래서 시칠리아의 와인과 음식을 꼭 먹어봐야 할 것 같았다. 인턴 생활 내내 몸도 마음도 털리고 꿈마저 접었지만 이탈리아 음식에 대한 호기심은 여전했다.

나는 이탈리아 음식을 알고 싶고 맛있게 만들고 싶어서 적지 않은 나이에 이탈리아로 유학을 갔다. 단지 돈을 벌기 위해서가 아니라 나의 즐거움을 위해서였다. 이탈리아에 가기 전까지 요리는 내 인생에서 알게 된 최고의 즐거움이었다. 힘들게 기자를 그만두고 뛰어든 요리의 길을 쉽게 포기하고 싶지 않았다. 시칠리아에서 그 즐거움을 다시 느껴보고 싶었다.

하지만 남편이 허황된 꿈을 접고 다시 평범한 일상을 살길

동기인 카를로(한국 이름 이진원)가 수업 시간에 '시칠리아노(시칠리아 깨빵)'를 만든 뒤 들고 있다. 시칠리아 빵은 다른 지역의 빵보다 손이 많이 가지만 씹는 맛부터 다르다.

바라는 아내에게 와인과 음식을 공부하려고 시칠리아에 가겠다는 걸 설명하려면 엄청난 시간과 노력이 필요할 게 분명했다. 복잡한 설명은 필연적으로 반발을 불러오는 법이다. 시치미를 떼기로 했다. 나는 이렇게 이야기했다.

"여보, 인턴 마치고 귀국하기 전에 아무래도 시칠리아에 가봐야 할 것 같아."

"왜? 거기 위험하잖아. 그냥 남들 가는 로마나 토스카나에 갔다 오지 그래."

"이탈리아 친구들이 거기 위험하지 않대. 그리고 한국 가기 전에 다시는 가보지 않을 것 같은 곳을 가보려고. 지금 아니면

10월 초 토리노에서 출발해 도착한 팔레르모 공항은 한여름 날씨였다. 공항 바로 옆에 거대한 바위산이 있는 것이 특이했다.

내가 시칠리아에 언제 또 가보겠어."

"에구, 인턴 끝났으면 얼른 들어올 일이지… 맘대로 하셔."

아내의 핀잔을 승낙으로 얼버무리고 토리노에서 인턴을 하던 나는, 10월 초 비행기를 타고 남쪽으로 1,000여 킬로미터 떨어진 시칠리아로 향했다. 시칠리아로 떠나던 날 토리노의 오전 날씨는 10도 안팎으로 쌀쌀해 코트를 입어야 할 정도였다. 하지만 1시간 30분 만에 도착한 시칠리아의 날씨는 기온이 30도에 이르는 한여름이었다. 활화산이 꿈틀거리는 시칠리아의 뜨거운 에너지가 느껴졌다.

〔 시칠리아에서 이탈리아를 맛보다 〕

세계를
사로잡은
　　　맛의
　　　비밀

이탈리아인들은 흔히 "이탈리아에는 이탈리아가 없고 20개 지역만 있다"고 말한다. 그만큼 이탈리아는 지역색이 강하다. 나는 와인이 이탈리아의 지역적인 개성을 보여주는 대표적인 음식이라고 소개했다. 이런 차이를 느낄 수 있는 음식이 또 있는데 올리브오일과 치즈다. 이 두 식품 역시 이탈리아 요리의 핵심 재료다.

올리브가 지혜의 여신인 미네르바(그리스명 '아테나')의 선물이었다는 내용의 그리스·로마 신화는 이 식품의 중요성을 상징적으로 보여준다. 치즈 역시 이탈리아 식탁에서 매우 중요하다. 치즈는 소를 키우는 서양 음식 문화의 정수다. 김치와 된장·간장을 우리 발효 문화의 핵심으로 생각하는 것과 비슷하다.

먼저 올리브오일을 이야기해보자. 나는 이 식품이 지역별로 차이가 있을 것이라고 생각해본 적이 없었다. 그저 추출 방식에 따라 열을 전혀 가하지 않는 '엑스트라 버진'과 나머지로 나뉜다는 사실 정도만 알고 있었다. 그런데 그 정도가 아니었다. 한국에서 올리브오일 구실을 하는 참기름은 어디 것이냐에 따라 맛이 달라지지 않는다. 다만 볶는 정도에 따라 향이 달라질 뿐이다. 그래서 올리브오일이 원산지에 따라 맛이 달라진다는 걸 알지 못했다.

올리브오일은 원료인 올리브의 품종에도 차이가 있지만 올리브의 재배지에 따라 남부·중부·북부의 올리브오일로 더 많이 분류된다. 오일의 원산지가 남쪽일수록 상큼한 과일 맛이 나며 북쪽일수록 부드럽고 은은한 향이 난다. 별것 아닌 것 같은데 이 향기와 맛의 차이에 따라 쓰임이 달라진다.

예를 들면 감자수프를 만든다고 가정하자. 손님에게 내놓기 전에 마지막으로 감자수프에 올리브오일을 둘러야 하는데 어느 지역의 것을 써야 할까? 다소 밍밍하면서 부드러운 북부

이탈리아에서는 지역마다 각각의 올리브오일을 생산한다.
그래서 슈퍼마켓에 가면 이렇게 많은 올리브오일이 진열돼 있다.

의 오일이 정답이다. ICIF에서 4가지 오일로 이 실험을 한 적이 있었다. 이탈리아의 가장 동쪽에 있는 프리울리 베네치아 줄리아주의 올리브오일이 감자수프의 부드러운 맛에 걸맞은 풍미를 주었다. 4가지 오일을 각각 넣고 조금씩 섞어서 먹어보니 감자수프와 올리브오일의 궁합을 금세 알 수 있었다.

이탈리아의 올리브오일은 생산되는 지역에 따라 미묘하게 맛이 다르다. 따라서 요리에 따라 오일이 달라져야 한다. 샐러드에는 당연히 남부의 오일이었다. 나는 이날 맛본 남부 풀리아주의 올리브 열매로 만든 '코라티나'가 가장 인상적이었다.

이 올리브오일은 레몬 혹은 감귤 맛이 났다. 지금까지 먹어본 올리브오일 맛이 아니었다. 이날 강사로 온 마르코는 "그래서 이탈리아 요리를 한다면 이런 올리브오일의 미묘한 맛을 알아야 한다"고 강조했다.

내가 인턴으로 일했던 레스토랑에서는 제노바가 주도인 리구리아주의 최고급 올리브오일을 썼다. 그럴 수밖에 없는 것이 올리브오일은 요리 마지막에 악센트를 주는 구실을 한다. 일부 고급 레스토랑에서는 셰프가 식사 전에 감자크림이나 해물수프를 근사한 접시에 조금씩 내놓고 이런 고급 오일을 들고 가서 손님 접시에 따라준다고 한다. "우리 집은 이런 올리브오일

이탈리아에서는 아직도 맷돌을 이용하는 전통 방식을 고집해서 올리브오일을 추출하기도 한다. 시칠리아에 있는 올리브 방앗간의 모습.

〔 시칠리아에서 이탈리아를 맛보다 〕

을 쓰니 기대하십시오"라는 메시지를 고객에게 던져주는 것이다. 이탈리아에서는 이런 전통 있는 올리브오일을 '원산지 인증 제도DOP'로 보호한다.

올리브오일이 하늘과 땅과 물이 만드는 거라면 치즈는 여기서 물 대신 사람이 강조된다(올리브는 해안가나 큰 호수 옆에서만 자란다). 이탈리아에는 기기묘묘하고 형형색색인 치즈들이 있다. 로마시대부터 치즈를 즐겨 먹었다는 기록이 있고 세계 최초로 치즈에 관한 책 『유제품 총론』을 쓴 사람도 프랑스 남부와 이탈리아 북부에 걸쳐 있던 이탈리아 사보이아 공국의 의사였다. 세계에서 가장 많이 소비되는 치즈의 하나인 파르미지아노 레지아노 치즈의 역사는 1,000년에 가깝다. 파르미지아노 레지아노 치즈만큼 많이 쓰이는 그라나 파다노 치즈의 역사도 비슷하다.

역사만 오래된 것이 아니다. 치즈의 종류도 다양하다. 먼저 원료가 다르다. 소젖은 물론 물소젖, 양젖, 염소젖 등을 쓴다. 제조 숙성 방법이나 모양도 지역마다 상당히 다르다. 중부의 '아마트리체 페코리노'는 숯가루를 발라 치즈의 겉이 검다. 또 남부의 섬인 사르데냐의 '카수 마르추'는 치즈에 구더기를 넣어 발효시킨다. 지역마다 고유의 치즈를 만들기 위해 고민을

맨 위쪽 겉면이 검은 치즈는 양젖으로 만든 '페코리노(중부)', 반으로 잘린 둥근 치즈는 우유로 만든 '카치오카발로(남부)', 흰 원형 봉투에 든 치즈는 염소젖으로 만든 '로비올라(북부)', 2년산 '그라나 파다노(북부)', 사각형 봉투에 든 큰 치즈는 우유로 만든 '탈레지오(북부)'다.

거듭해왔다는 뜻으로 풀이된다.

그렇지만 내가 놀란 건 치즈의 역사나 종류가 아니었다. 우리도 된장과 간장의 역사나 종류가 서양에 뒤지지 않는다고 생각한다. 가장 관심이 갔던 대목은 치즈를 만드는 데 살균하지 않은 포유류의 젖을 쓴다는 점이었다. 4월에 그라나 파다노 치즈 공장을 견학했는데 살균하지 않은 우유를 별도의 정제 작업을 거쳐 사용하고 있었다. 공장 관계자는 이를 '전통'으로 설명했다. 고대부터 살균하지 않은 상태에서 치즈를 만들었고 자신들은 그 방식대로 만들고 있다는 것이다. 우유는 살균해서 먹어야 한다고 당연히 생각했던 나에겐 생소한 이야기였다.

특히 이탈리아 사람들은 살균한 유제품과 살균하지 않은 자연 상태의 유제품으로 만든 치즈 맛을 구별한다는 점도 흥미로웠다. 살균하지 않고 만든 유제품에서 나는 향기와 맛이 좀 더 친근하다는 것인데 나는 느낄 수가 없었다. 오히려 살균한 우유로 만든 유제품에서 나는 좀더 세련된 향기를 느꼈다.

그러나 이탈리아에서 성인에 견줘 다소 감성적인 중고생을 상대로 실험하면 대부분 학생이 살균하지 않은 원료로 만든 치즈를 더 맛있는 것으로 선택한다고 한다. 학교에 특강을 온 이탈리아 치즈 전문가들은 "이 친근한 맛이 DNA가 기억하는 맛이며 오랫동안 자신들에게 이어져온 전통의 맛"이라고 했다.

이들은 한발 더 나아가서 전통의 맛을 상당히 구체적으로 구분해놓았다. 아주 세세해서 약간은 과장이 아닐까 싶을 정도였다. 이탈리아인은 치즈 맛을 크게 과일·채소·동물·꽃·우유·토스팅·향신료·기타라는 8가지로 구분한다. 또 이런 향들이 어떤 종류의 아미노산과 지방에서 비롯되는지에 대해서까지 매우 체계적으로 분석한다.

예를 들면 그라나 파다노 같은 경질치즈는 우유 맛이 나다가 오래 숙성되면 견과류나 토스팅 향이 난다. 24개월 정도 되면 고기 육수(동물)의 맛과 향이 난다. 그러나 파다노에서는 과일 향이나 꽃향기는 나지 않고 다만 36개월 정도 숙성하면 올리브 향과 꿀 향이 난다고 한다. 이런 향기와 맛의 차이를 알아야 요리를 만들 때 어떤 치즈와 얼마나 숙성된 치즈를 쓸지를 알 수 있다고 설명했다.

이 대목에서 부러운 마음과 부끄러운 마음이 동시에 들었다. 나도 밥 뜸 들이는 향기와 된장국이 끓는 향기를 사랑한다. 우리나라의 많은 작가도 이를 예찬했다. 그렇지만 나는 내가 사랑하는 쌀과 된장의 향기를 이탈리아의 치즈 전문가나 올리브오일 전문가처럼 세세히 구분하는 걸 고민해본 적이 없었다. 과문한 탓도 있겠지만 국내에서 그런 시도를 하는 전문가를 거의 본 적도 없었던 것 같다.

집 된장을 찾기 어려워지고 공장 된장에 인공조미료를 넣어 끓인 된장찌개를 식당에서 사먹고 있는 우리 일상에서 보면, 이탈리아 사람들이 전통 식품에 가지는 애정은 남달라 보인다. 이렇게 전통을 강조하기 때문에 이탈리아의 오일이나 치즈는 다품종 소량생산이 가능하다. 그리고 지역 주민들은 대형 마트에 가지 않고 이런 전통을 수호하는 제품을 선호한다. 그래서 이탈리아엔 어디를 가나 작은 빵집과 함께 햄과 치즈를 파는 작은 정육점이 있다.

주민들은 이런 가게를 자랑스럽게 생각한다. 그 덕분에 가게는 계속 대를 이어가고 지역의 명물이 된다. 이런 집의 제품은 공장 제품보다 가격이 높지만 계속 사먹게 된다. 이탈리아의 지역들이 남들과 다른 전통과 자신들만의 이야기를 갖는 원동력은 인간의 삶에서 가장 기본적인 음식의 전통을 고수하는 데서 시작됐다고 본다면 지나친 것일까?

슬로푸드의 상징
치즈

  우리는 알게 모르게 미국식 사고방식을 가지고 있다. 인간 사유의 뿌리라고 할 수 있는 음식에서도 예외가 아니다. "나는 밥과 김치를 좋아하는데 무슨 소리냐"고 반박할 수도 있을 것이다. 하지만 지금 우리의 밥은 즉석밥으로, 김치는 중국 김치로 빠르게 대체되고 있다. 우리 사회가 미국식으로 속도와 효율을 강조하는 탓이다.

  이탈리아는 이와 참 반대되는 나라다. 공장에서 나온 빵을 먹는 대신 아직도 사람이 구운 빵과 피자를 먹는다. 인스턴트커피 대신 바리스타가 내려주는 1유로짜리 에스프레소를 먹는다. 맥도날드 햄버거가 들어올 때 이를 결사적으로 막는가 하면, 미국산 패스트푸드에 대항하기 위해 '슬로푸드 운동'을 창시한 곳도 이탈리아다.

  이런 이탈리아에서 '내가 미국식 사고에 젖어 있었구나'라고 자각하게 해준 음식이 있다. 바로 '치즈'였다. 나도 이탈리아에 가기 전에는 꽤 많은 치즈를 알고 즐기고 있다고 생각했다. 일단 이탈리아의 상징인 '파르미지아노 레지아노(이와 비슷한 '그라나 파다노'도 즐겼다)'를 비롯해 '고르곤졸라', '모차렐라'를 즐겼다. 스위스의 에멘탈, 프랑스(혹은 스위스)의 그뤼에르와 카망베르, 영국의 체다, 네덜란드의 고다 등도 종종 먹었다.

그렇지만 고백하자면 아주 비싼 몇몇 치즈를 제외하고 우유에 적당히 유화제를 넣고 공장에서 라면이나 콜라 만들 듯이 치즈가 대부분 생산된다고 나는 생각했다. 농부나 장인들이 손으로 일일이 치즈의 모양을 만들고 길게는 몇 년 동안 숙성한다고는 전혀 예상하지 않았다. 일본에서 진짜 라멘을 먹어보기 전까지는 라면이 우리나라에서처럼 전부 인스턴트식품이라고 생각했던 것과 비슷했다. 나는 이탈리아의 파르미지아노 레지아노와 녹색 깡통 속 미국의 '파마산 치즈'가 당연히 같은 것인데 이탈리아와 미국에서 각각 다르게 만든 것으로 여겼다.

고집이 만들어낸 '안단테 안단테'의 맛

하지만 내 생각은 완전히 틀렸다. 미국에서 한국에 들어온 치즈는 대부분 가공 치즈로 발효 기간을 단축할 수 있도록 우유와 치즈 성분에 유화제와 인공첨가물 등을 넣고 만드는 것이다. 미국에서 이런 가공 치즈를 만든 이유는 제2차 세계대전 때 치즈를 만들어 전시戰時 물품으로 보급하기 위해서였다. 우리가 먹는, 낱개로 비닐 포장된 정사각형의 노란 슬라이스 치즈가 대부분 이런 방식으로 만들어진다.

가공 치즈엔 우유와 치즈 성분이 들어가기 때문에 치즈이긴 하지만 제조와 숙성 과정에서 인공적인 요소가 많이 들어가 자연 치즈와는 구분된다. 초록색 깡통에 든 파마산 치즈라는 것이 미국 기업들이 만든 이탈리아식 가공 치즈라는 것도 이탈리아에서 알았다(이탈리아에서는 파르마와 인근 지역에서 전통적인 방식으로 생산한 치즈가 아니면 '파르마산 치즈'라는 상표를 붙여서는 안 된다. 물론 미국에서는 이런 상표를 부착할 수 있다. 당연히 우리나라에도 미국산 짝퉁 치즈가 유통되고 있다).

크기나 가격(2년 숙성한 40킬로그램짜리 한 덩어리가 1,000유로쯤이다)을 놓고 봤을 때, '치즈의 왕'으로 불릴 법한 이탈리아의 파르미지아노 레지아노 치즈를 만드는 데 최소 1년이 걸린다. 이 치즈와 거의 비슷한 방식으로 만드는 그라나 파다노는 최소 8개월은 숙성해야 출시할 수 있다. 보통 1년은 숙성해야 시장에 내놓고, 2년 정도 돼야 괜찮은 맛의 치즈가 된다.

치즈의 원료인 우유의 기준도 엄청나게 까다롭다. 먼저 고온 가열 살균해서는 안 된다. 또 유전자 변형 생물 GMO로 만든 사료를 써서도 안 된다. 소를 방목해야 하며 건초를 먹여야 한다. 항생제나 농약 등도 사용하지 않는다. 그들은 자기네 조상들이 먹었던 방식 그대로 생산한 우유로 만들어진 치즈를 제조하는 것이 목표다. 다른 나라에서처럼 우유를 더 많이 착유하기 위해 젖소에게 촉진제를 먹이고 그 우유로 치즈를

〔치즈〕

만들지 않는다. 이탈리아 사람들은 정말 먹는 것에 대단한 고집쟁이들이라고 할 수 있다.

파르미지아노 레지아노 치즈의 가치는 역사적으로 입증돼 있다. 이탈리아에서는 중세 때 천국에는 이 치즈로 만든 산과 강물이 있다고 생각했다. 우리 조상들이 평생소원으로 "흰 이 밥에 소고깃국"을 외쳤던 것과 비슷하다. 심지어 이 치즈는 당시 교황이 유럽 왕에게 보내던 뇌물 중 하나였다.

그렇지만 유감스럽게도 나는 이탈리아에서 '큰북'을 닮은 이 치즈에 맛을 들이지 못했다. 파르미지아노 레지아노 치즈와 파마산 치즈를 구분하지 못했던 사람다운 혼란이었다. 이 정통 치즈가 정말 맛있다고 느끼게 된 계기는 파르미지아노 레지아노 치즈의 집산지인 볼로냐에서 24개월짜리 숙성 치즈를 얹은 '포르치니 버섯 샐러드'를 먹고 나서였다.

우리나라로 치면 달걀찜을 오븐에 구운 작은 토르티노에 포르치니 버섯과 루콜라를 얹은 뒤 24개월 된 파르미지아노 레지아노를 아낌없이 얹은 것이었다. 8유로 정도였던 이 음식이 내가 볼로냐에서 먹었던 최고의 음식이었다(볼로냐는 생면 파스타의 성지다. 대학 도시인 볼로냐는 합리적인 가격으로 다양하고 맛난 생면 파스타를 맛볼 수 있다. 특히 수제 만두라고 할 수 있는 '토르텔리니'와 '토르텔로니[토르텔리니의 큰 버전]' 역시 유명한데 골목골목마다 이를 하나하나 직접 빚는 파스타집을 발견할 수 있다).

넓고 깊은 이탈리아 치즈의 세계

이탈리아가 자랑하는 파르미지아노 레지아노 치즈의 맛에 뒤늦게 눈뜨기 전까지 내가 이탈리아 치즈 가운데 가장 좋아한 것은 '페코리노 치즈'였다. 양젖으로 만든 이 치즈는 고대 로마에서 병사들에게 전투식량으로 보급했을 정도로 역사가 오래되었다. 그리스가 멸망시킨 트로이의 후손임을 자처했던 고대 로마인들은 목축에 능하지 않았다. 그들에게 돼지와 소를 키워서 고기를 염장하고 유제품을 만드는 방법을 알려준 민족은 켈트족과 게르만족이었다.

목축을 본격적으로 배우기 전에 고대 로마인들이 주로 먹던 치즈는 페코리노였다. 원래 페코리노는 로마가 있는 라치오주에서 많이 생산해 '페코리노 로마노'가 유명하다. 이 페코리노를 잔뜩 갈아 넣고 '판체타(이탈리아식 베이컨)'를 볶아서 만든 '카르보나라'가 중부지방인 라치오의 대표적인 파스타다. 이탈리아에서는 이 파스타에 생크림을 넣지 않고 페코리노 치즈만으로 만들어 고릿하게 먹는다. 여기에 생크림을 넣어 재해석한 것이 우리나라의 카르보나라다.

나는 페코리노 치즈의 독특한 향에 금세 반했다. 그렇지만 치즈 수업을 들었을 때 나는 이 치즈의 농밀한 맛과 향에 반했지만 한국인 동기생 한 명은 이 치즈를 입에도 대지 못했다. 한국에 와서도 내가 가장 많이 먹는 치즈가 이 페코리노 로마노다. 어디에 넣어도 독특한 풍미를 준다. 특히 기름기 있는 고기 요리는 물론이고 채소와도 잘 어울린다.

물소젖으로 만든 모차렐라의 속을 크림으로 채운 '부팔라 스트라치아텔라 치즈'는 매우 부드럽다.

나를 치즈의 세계로 인도했던 또 하나의 치즈는 '부팔라 스트라치아텔라Stracciatella di bufala'다. 원래 모차렐라 치즈는 물소젖으로 만든다. 목초지 대신 습지가 발달한 남부에서는 습지에 물소를 방목해 키웠다. '부팔라bufala'는 '물소'라는 뜻이다.

부팔라 스트라치아텔라는 모차렐라를 동그랗게 성형하고 남은 치즈를 생크림에 담가 출하한 것이다. 모차렐라의 부드러움에 크림의 농후함이 섞여 있다. 이 치즈를 가장 맛나게 먹는 방법은 샐러드 위에 그냥 끼얹거나 올리브오일을 살짝 넣고 갈아서 치즈 소스를 만든 다음 갑각류 등의 해산물에 찍어 먹는 것이다.

부팔라 스트라치아텔라는 한국에서는 구하기 어렵지만 이탈리아에 가면 슈퍼마켓이나 정육점에서 쉽게 구할 수 있다. 저렴한 가격에 깜짝 놀랄 맛을 선사한다.

이탈리아 사람들을 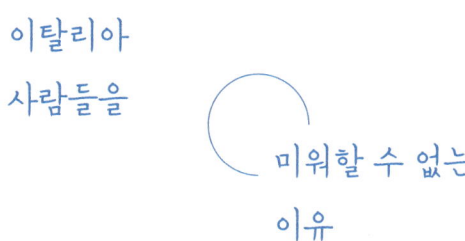 미워할 수 없는 이유

"제 눈의 들보는 안 보고 남의 눈의 티끌만 본다"는 말이 있다. 사실 내 눈의 들보는 안 보여도 남의 눈의 티끌은 잘 보이는 게 인지상정이다. 이탈리아에서 1년 가까이 살았고 거기다 매사 삐딱하게 보는 게 직업인 기자를 20년 했으니 내 눈에 이탈리아 사람들의 허물이 얼마나 잘 보였겠는가?

하지만 꾹 참았다. 나는 이탈리아 문화를 배우러 온 사람이니까 이들의 단점보다는 장점을 보려 노력해야 한다고 나를 설득했다. 게다가 이탈리아에서 사귄 친구들과 ICIF 관계자들이 내 페친(페이스북 친구)이니까 조심스럽기도 했다(심지어 인턴을 했던 레스토랑의 셰프와 스태프도 패친이다). 하지만 이제 인턴도 그만뒀고 곧 한국으로 돌아갈 '자유의 몸'. 지금쯤이면 이탈리아 사람 흉을 봐도 괜찮을 듯싶다.

먼저 말하고 싶은 건 이탈리아 사람들의 수다 본능이다. 이탈리아인들은 떠들기 세계 챔피언감이다. 특히 놀라웠던 건 처음 본 사람들하고도 몇 시간을 떠든다는 거다. 심지어 과묵하기 마련인 젊은 남자들도 그랬다.

그들의 수다 본능은 버스에서 확인할 수 있다. 내가 인턴으로 있던 레스토랑에서 이탈리아 북서부의 산업도시인 토리노 시내까지는 버스로 1시간이 걸리는 먼 길이었다. 버스에는 노인이 많았다. 그런데 맨 앞줄에 앉은 노인들은 항상 운전기사와 이야기를 나누었다. 어떤 사람은 아예 탈 때부터 내릴 때까지 운전석 옆 계단에 서서 가면서 수다를 떨었다.

보통 우리나라에서 기사들은 이 수다에 끼지 않고 정보 제공자나 감독자 역할을 한다. 그래서 그들은 차 안이 너무 시끄럽다 싶으면 조용히 해달라고 요청하기도 한다. 그러나 이탈리아에서는 기사가 조용히 해달라고 요청하는 걸 본 적이 없다. 오히려 대화에 적극 참여한다. 한번은 운전기사 한 명과 앞에 앉은 승객 4명이 이야기를 주거니 받거니 하면서 가는 것도 봤다.

에너지가 넘치는 시칠리아 사람들이 압권이었다. 한번은 시칠리아 동쪽 끝 카타니아에서 서쪽 끝 팔레르모까지 가는 고속버스를 탔는데 젊은 여자 둘이 카타니아 공항에서 탔다. 비행기 여행을 한 듯 짐이 많아서 두 여자는 운전석 바로 뒤의 맨 앞줄과 그다음 줄에 각각 앉았다. 뒷줄 여자는 금세 잠이 들었는지 기척이 없었다.

그런데 맨 앞줄에 앉은 여자가 운전기사와 대화를 나누기 시작해 무려 3시간 동안 쉬지 않고 떠들었다. 여기에 바로 옆줄의 노인 2명도 동참했다. 시속 80킬로미터 이상 달리는 고속버스에서 대화를 나눠야 하기 때문에 이들은 목청을 높였다. 노인 둘의 좌석 바로 뒤에 앉은 나에게는 참 고역이었다. 심지어 이 젊은 여자는 가끔 노래도 한두 소절씩 불렀다.

그러나 이탈리아 사람들의 에너지가 행동보다는 말에 집중된다는 점은 문제다. 내가 다녔던 요리학교도 예외는 아니었다. 학교 수업은 오전 9시에 시작했다. 그런데 일주일에 한두 번씩 있던 이탈리아 언어 수업은 8시에 시작했다. 우리는 처음엔 "왜 8시에 하느냐"고 항의했다. 학교 쪽은 요리 실습 시간이 부족하기 때문에 수업 전에라도 시간을 내서 언어 수업을 해야 한다고 했다.

한술 더 떠 이탈리아 전국이 다 쉬는 국경일에도 수업이 이루어졌다(부활절에만 쉬었다). 토요일에도 늦게까지 수업하는 날이 많았다. '너희들은 요리를 배우러 왔으니 쉬는 날도 열심

〔 시칠리아에서 이탈리아를 맛보다 〕

토리노의 한 대학 화장실.
이탈리아에는 남녀 화장실이 한 공간에 있는 경우가 많다.
특히 공중화장실엔 변기 뚜껑과 시트가 없어 난감할 때가 많다.

히 일하라'는 일종의 압박감이 느껴졌다. 그러나 언어 강사는 지각을 자주 했고 아예 오지 않은 날도 있었다. 앞에서는 엄격한 규율을 강조하지만 실제로는 실수투성이였던 셈이다. 그래서 북부 이탈리아 사람들의 특징을 한마디로 요약한다면 '허당'이다.

이 '허당'스러운 사람들이 만든 물건 역시 만만치 않았다. 대표적인 게 잠금장치였다. 학교 화장실의 문은 어떻게 해도 잘 잠기지 않았다. 그런데 문제는 가끔 이 문이 잠기는데 그때는 열리지 않는다는 것이다. 그래서 남자들은 아예 화장실 문을 잠그지 않고 사용했다. 하지만 여자들은 그게 힘들었던 모양이다. 그래서 가끔 수업 중에 비상벨이 울린다.

화재경보가 아니었다. 문을 닫고 화장실에 들어간 여학생들이 갇혀서 나올 수 없자 여자 화장실 안에 있는 비상벨을 누르는 탓이었다. 우리는 '메이드 인 이탈리아' 공산품의 허상을 거의 매일 경험했던 셈이다. 터미널이나 기차역의 화장실 역시 비슷하다. 문이 잠기지 않았다. 일부 여성은 누군가가 앞에서 다른 사람의 출입을 막아줘야 했다. 심지어 역의 화장실은 남녀 공용이었고 변기 시트도 뚜껑도 없었다.

일상에서 만나는 이탈리아 제품의 허술함을 말하자면 끝이 없다. 가령 우리의 멸치젓과 비슷한 이탈리아의 안초비 병이 옆으로 쓰러지면 내용물이 다 샌다. 병뚜껑이 완벽하게 밀봉되지 않았기 때문이다. 또 랩은 너무 얇아서 종전에 썼던 자리가 어디인지 알 수가 없다. 아프리카 같은 저개발 국가나 사회주의 국가에서 만든 랩처럼 느껴진다.

양말이 이탈리아 제품이라고 해서 샀는데 두세 달을 신으면 해져서 버려야 한다. 3월에 한국에서 사온 양말은 12월 한국에 돌아갈 때까지 신었는데 말이다. 기차표에 좌석 번호가 적혀 있는데 실제로 타보면 이 번호의 좌석이 없기 일쑤다. 그래서 아무 데나 앉아 있어도 차장이 뭐라고 하지 않는다. "여긴 이탈리아야"라는 말이 저절로 나오는 대목이다.

공공기관에서도 마찬가지다. 내가 지문 등록을 위해 방문한 아스티 경찰서에서는 나에게 아침 8시 40분쯤 오라고 소환장 비슷한 것까지 만들어서 학교를 통해 나에게 알렸다. 하루 전날 아스티의 역전 호텔에서 묵으면서까지 아침 일찍 경찰서에 갔지만 내가 경찰 관계자를 만나 업무를 처리하기 시작한 시각은 11시였다. 결국 지문 등록이 끝난 시각은 거의 오후 1시가 다 되어서였다.

별것도 아닌 서류를 작성하고 지문을 찍는 데 반나절이 걸린 것이다. 시간관념이나 업무 효율성이 제로였다. 이를 증명하듯이 경찰서 1층에 있는 벽시계 3대는 모두 멈춰 있었다. 또 이탈리아 기차가 제시간에 오지 않는 건 아주 유명하다. 작은 역에는 시계가 멈춰 있거나 아예 없었다.

일은 이렇게 답답하게 처리하면서 운전은 참 미친 듯이 한다. 어디 빈틈이라도 있으면 미친 듯이 파고든다. 골목길에서도 참 정신없이 달린다. 시내버스도 예외는 아니었다. 우리나라 시내버스만 거친 줄 알았는데 이탈리아 시내버스가 운전할 때도 장난이 아니다. 그래도 신호가 바뀌면 칼같이 서는 건 참 신통하다(심지어 오토바이도 횡단보도 앞에서는 딱 멈춘다).

놀 때도 참 잘 논다. 인턴으로 일했던 레스토랑에서는 손님들이 자정 넘어서까지 레스토랑 앞에서 노래를 부르고 놀았다.

결혼 피로연이라도 있으면 새벽 3시까지 음악을 크게 틀어놓고 춤을 췄다. 이런 점은 한국 사람과 비슷한데 우리는 노래방이나 특정 장소에서 노는 반면, 이들은 그냥 레스토랑 앞마당에서 이러고 논다는 차이점이 있다. 이탈리아 사람들은 진짜 한 수 위다.

이탈리아 사람들의 수다스러움과 '허당'스러움은 인간관계에서 장점이 되기도 한다. 이탈리아 북부 사람은 얼핏 보면 독일인처럼 보이는 경우가 많다. 금발의 큰 키에 냉정해 보이는 눈빛은 게르만족의 특징이다. 하지만 이들과 말을 나누고 친해지면 금세 표정이 바뀐다. 이들은 영국이나 독일 사람들처럼 깍쟁이가 아니었다.

이탈리아 사람들은 남부로 내려갈수록 개방적이다. 남부 사람들과는 금세 친해졌다. 식당이나 카페는 물론이고 슈퍼마켓이나 옷집 점원들도 단순히 정보를 제공하는 것 이상으로 친근감을 표시한다. 그리고 빵집이나 살루미 가게에서 이것저것 먹어보라고 잘라서 떼어주는 것도 남부에서 처음 경험했다.

팔레르모 숙소 근처의 살루미 가게 아저씨는 팔레르모에 있을 때 나를 '아미코amico(친구)'라고 불렀다. 그 덕분에 살루미나 고기를 좋아하지도 않는데 참 많이도 사먹었다. 시칠리아

시칠리아의 한 정육점 주인이 소고기 내장과 채소를 오일과 식초에 버무린 지역 요리를 시식해보라고 권하고 있다. 이탈리아 남부는 음식도 맛있고 인심도 후하다.

올리브 농장의 방앗간 아저씨는 방앗간 구경을 갔던 나에게 갓 짠 올리브오일을 그냥 한 통 주기도 했다.

"이탈리아 사람들에겐 다른 유럽 국가 사람들과 달리 정이 있다"는 말을 이탈리아에 오기 전에 종종 들었다. 실제로 이탈리아 친구를 몇 명 사귀었는데 그들은 사려 깊게 나를 챙겨주었다. 내가 토리노를 떠나 이탈리아 각지를 여행한다고 하니까 집으로 초대해 환송식을 열어주는가 하면 이탈리아 각지에 살고 있는 자신의 친구나 가족을 연결해주었다. 내가 인턴으로 일했던 레스토랑의 프랑코 셰프는 내가 시칠리아로 여행 간다고 하니까 현지에서 레스토랑을 운영하는 동료 셰프들을 소개해주었다. '허당'스럽지만 속 깊은 사람들. 시간이 지날수록 이탈리아가 좋아지는 이유이기도 하다.

이탈리아 요리의 첫 단추
올리브오일

    이탈리아는 맛있다. 이탈리아 음식은 세계 어느 나라의 음식보다 싸고 풍성하다. 예를 들면 우리 돈 1만 원 정도만 내면 술 한 잔과 안주를 한 가득 내놓는 곳이 이탈리아다. 시골에 가면 4~5유로면 충분하다. 술에 딸려 나오는 안주도 생햄(살루미), 치즈, 샌드위치, 가벼운 빵까지 화려하기 그지없다.

    그리고 어딜 가든 입에 맞는 음식이 척척 나온다. 이탈리아를 대표하는 피자나 파스타는 한국인의 입맛에도 아주 잘 맞는다. 이탈리아의 작은 시골에도 피자와 파스타를 파는 집이 있다. 그 시골의 파스타에서도 한국에서 먹는 것과 다른 기상이 느껴진다. 맨 처음에는 어떻게 이런 맛이 날까 하고 의아할 정도였다. 그러다가 이탈리아에서 한참 생활한 후에 깨달았다. 이탈리아 음식이 한국인의 미각을 이렇게 정신없이 공습할 수 있는 비결의 첫 단추가 올리브오일이라는 걸 말이다.

　　서양 음식인 이탈리아 음식이 한국 사람에게 잘 맞는 이유는 여러 가지지만 가장 큰 이유는 올리브오일 덕분이라고 생각한다. 마늘과 고추, 올리브오일에 담근 생선젓인 안초비도 한국 사람의 입맛에 이탈리아 음식이 맞는 이유다. 이탈리아 요리는 프랑스 요리를 중심으로 하는 북부 유럽의 요리와 달리 버터나 생크림을 많이 쓰지 않는다. 그 대신 산뜻한 올리브오일을 쓴다. 특히 목축업이 발달하지 않은 이탈리아 남부로 가면 버터나 생크림을 거의 쓰지 않는다. 그러니 남부로 갈수록 음식이 더 담백해진다.

　　그 대신 남부에서는 토마토와 이탈리아 고추인 페페론치니를 많이 쓴다. 치즈도 소젖으로 만든 것이 아니라 양젖이나 물소젖으로 만든 치즈를 쓴다. 목초지가 풍부한 북부와 달리 남부엔 소를 키우기 적합한 목초지가 없다. 시칠리아에서는 심지어 치즈 대신 빵가루를 구워서 파스타에 넣어 먹기도 한다.

　　올리브를 재배하는 북방한계선은 이탈리아 북부와 프랑스 남부다. 목축을 업으로 하는 유목민인 게르만족과 켈트족이 세운 프랑스·독일·영국에서는 올리브오일 대신 버터나 생크림을 사용할 수밖에 없다. 여기에서 북부 유럽과 남부 유럽의 음식이 확 갈리는 것이다.

이탈리아 음식이 맛있는 비밀

"버터를 넣으면 맛없는 음식이 없다"는 말이 있을 정도로 버터가 주는 풍미는 강렬하다. 하지만 김치와 고추장을 좋아하는 한국 사람들이 즐기기에 버터는 확실히 한계가 있다. 하지만 올리브오일은 다르다. 더 가볍고 더 발랄하다.

이탈리아에서 올리브오일은 음식을 볶고 조리하는 것뿐 아니라 각종 소스를 만드는 기본으로 사용된다. 버터로 만드는 소스에 견줘 레시피가 간단하다. 바질 잎이나 토마토 과육의 부드러운 부분을 올리브오일과 섞어서 소금 간만 약간 해주고 1~2분가량 믹서에 갈면 바질 소스와 토마토소스가 된다. 눅진한 버터나 생크림을 넣지 않고도 아주 간편하게 소스를 만들 수 있다. 바질과 토마토, 올리브오일이 재료의 전부다. 바질 소스와 토마토소스는 이탈리아 소스의 기초 중에 기초다.

이탈리아 주방에서 필수템인 올리브오일은 지중해 인근에선 신격화되어 있다. 올리브는 지혜의 신인 아테나(이탈리아명 '미네르바')의 상징이다. 아테나는 아테네의 시민들이 자신을 수호신으로 선택해준 대가로 그들에게 올리브나무를 선물했다. 아테나 여신의 경쟁자는 바다의 신 포세이돈이었다. 포세이돈은 아테네 시민들에게 말을 선물해주겠다고 했다. 하지만 아테네 시민들은 말 대신 맛있는 기름을 짤 수 있는 올리브나무를 선택했다. '올리브=지혜'인 셈이었다.

그렇지만 올리브는 아테나 여신의 것만이 아니었다. 올리브는 제우스의 나무였다. 그리고 올리브나무 가지는 노아의 방주에 있던 생존자들에게 신의 형벌이었던 대홍수가 끝났음을 알려준 평화의 메시지이기도 했다. 올리브나무는 그리스뿐 아니라 지중해 주변 지역의 '신수神樹'였던 것이다.

역사적으로도 올리브는 지중해 지역 사람들에게 소중했다. 척박하고 뜨거운 바닷가에서 잘 자라는 올리브나무는 그리스가 해외에 팔 수 있는 몇 안 되는 '상품'이었다. 원래 소아시아의 야생 나무였던 올리브나무는 지중해의 섬인 크레타를 거쳐 그리스와 로마제국으로 전파됐다. 척박한 석회암 땅에 자리 잡은 가난한 그리스는 올리브오일을 팔아서 이웃 나라의 밀을 사와야 했다.

그래서 그리스는 자연스럽게 동양과 서양 문화의 교류지가 되었다. 음식뿐 아니라 화폐, 종교, 건축도 소아시아에서 배워와 유럽의 다른 나라에 전파했다. 로마제국의 시민들은 신전 앞에서 무상으로 나눠 주는 빵을 올리브오일과 가룸(멸치젓)에 찍어 먹었다. 지천인 푸성귀와 과일과 함께 말이다. 로마인들은 이런 소박한 음식을 먹으면서 대제국을 만들었다.

올리브나무가 없었다면 그리스와 로마도 없었다. 그렇다면 그리스와 로마가 터전을 닦았던 공화정도, 민주주의도, 헌법도 없었을지 모른다. 그리고 지금의 음식도 없었을 것이다. 이탈리아의 옛날 빵이라고 할 수 있는 포카치아를 비롯해 긴 막대기 같은 그리시니 등 이탈리아의 많은 빵에 버터 대신 올리브오일이 들어간다. 빵이 우리나라로 치면 밥에

〔 올리브오일 〕

비유되니 이탈리아에서는 밥과 반찬에 이 기름이 들어가는 셈이다. 올리브가 많은 신의 나무가 된 비결이다.

올리브오일이 맛있다는 건 잘 알고 있지만 이 나무의 신령함을 유라시아 대륙 저편에 살던 내가 이해하기란 쉽지 않은 일이었다. 하지만 올리브나무 밑을 한 번만 걸어보면 이를 금세 느낄 수 있다.

왜 '말'이 아니라 '올리브나무'였을까

이탈리아에 머물던 10월, 시칠리아의 주도인 팔레르모 인근 올리브 농장에 가볼 기회가 있었다. 친구의 농장에서 본 올리브나무는 생각보다 키가 컸다. 30년쯤 되었다는 나무들은 높이가 7~8미터는 되는 것 같았다. 이렇게 키가 큰 올리브나무를 본 것은 처음이었다. 나무 밑엔 건조한 시칠리아 기후와 달리 습기가 있었고 낙엽과 풀들이 깔려 있었다. 시칠리아는 강수량이 적어 미국 서부나 스페인 남부처럼 암반이 많이 노출돼 있기 때문에 황량한 느낌을 준다. 그래서 시칠리아에서 사방이 푸른 올리브나무 숲은 그 자체로 돋보였다.

나를 자신의 올리브 농장으로 초대했던 시칠리아 친구는 올리브 숲을 보며 감탄사를 연발하는 나에게 "이 땅이 너에게 맞는 것 같다. 이 땅 좀 살래?"라고 제안했다. 친구는 그 땅을 한 대형마트가 호시탐탐 노리고 있다고 했다. 하지만 그는 조상들에게 물려받은 올리브 농장을 절대 팔 수 없다며 거절했다고 말했다. 그래서 나처럼 올리브를 좋아하는

시칠리아 팔레르모 해안가의 올리브 과수원.
수령이 오래된 올리브나무 숲을 거닐어보면 왜 이 나무가
지중해 지역에서 신령스러운 나무로 선택됐는지를 알 수 있다.

사람이 농장을 사서 계속 올리브를 키웠으면 좋겠다는 거였다.

쾌활한 이탈리아인 특유의 농담이었겠지만 팔레르모의 푸른 하늘 밑에서 올리브나무를 가꾸는 내 모습을 잠깐 떠올렸다. 하지만 천성이 게을러 서울 주변에 있는 주말농장도 버거워했던 나에게 시칠리아의 올리브 농장이 가당키나 한가 싶었다.

그렇지만 이내 마음이 흔들렸다. 그 이유는 갓 짠 시칠리아 올리브 오일의 맛이 상상 이상이었기 때문이다. 친구와 함께 방앗간으로 가서 갓 딴 올리브를 맷돌로 짠 뒤에 막 구운 따뜻한 시골 빵을 사서(동네 푸줏간에 가서 수제 살루메도 구입했다), 농장의 게스트하우스에서 친구의 가족들과 함께 먹었을 때의 황홀감을 나는 잊지 못한다. 갓 짠 올리브오일 하나만 있으면 다른 것은 필요가 없었다. 올리브오일은 이탈리아 주방의 신이었다.

이런 경험을 겪고 나서야 아테네 사람들이 왜 말 대신 올리브나무를 선택했는지, 또 올리브를 키우는 지역에서 올리브나무를 신성하게 여겼는지 이해가 되었다. 나도 그들처럼 말보다는 올리브나무에 한 표를 던졌을 것이다.

피자나
파스타가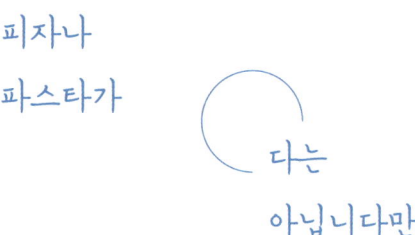
　　　다는
　　아닙니다만

영국의 인터넷 마케팅 회사 '유고브'가 2019년 3월 세계 각국 사람들에게 어느 나라 음식이 가장 맛있느냐고 설문조사를 했다. 그 결과 1위는 이탈리아 음식이었다. 이탈리아에서뿐 아니라 영국·스페인·스웨덴 같은 유럽 국가에서도 90퍼센트 이상이 피자나 파스타 같은 이탈리아 요리가 가장 맛있다고 대답했다.

　이탈리아 음식은 맛만으로 낙점을 받은 게 아니다. 미국의 한 인터넷 기업이 밀레니엄 세대에게 가장 좋아하는 음식을 꼽으라고 했더니 역시 이탈리아 음식이 1등이었다. 선택 이유 가운데 "인스타그램에 올리기 가장 적합하다"라는 답변도 상당했다. 이탈리아 음식이 맛도 좋고 보기도 좋다는 이야기다.

세계인이 좋아한다는 이탈리아 요리, 그렇다면 이탈리아 사람들은 어떤 요리를 좋아할까? 한식에서는 비빔밥과 불고기가 유명하다. 하지만 정작 한국인이 좋아하는 음식이 꼭 비빔밥이나 불고기가 아닌 경우도 많다(나에겐 냉면이다). 내가 이탈리아에서 경험한 바로도 이와 비슷하게 이탈리아 사람들이 즐겨 먹는 음식 역시 피자나 파스타가 아니었다.

먼저 내가 가장 오랜 시간을 머물렀던 북부를 살펴보자. 내가 피에몬테의 주도인 토리노의 레스토랑에서 인턴으로 일할 때 가장 행복했던 시간은 일요일 저녁이었다. 한국에서도 마찬가지지만 이때는 손님이 거의 없다. 그리고 인턴들에겐 월, 화 이틀이 휴가였다. 휴일 전날 근무인데다 일도 많지 않으니 어깨춤이 절로 날 수밖에.

그런데 밤 10시쯤 대충 마감했으면 하는 늦은 시간에 손님이 두세 명 오는 경우가 있었다. 그런 '얄미운' 손님이 시키는 음식은 '바투타 디 비텔로'였다. 우리말로 번역하면 '송아지고기 육회'다. 진공 포장된 송아지고기를 칼로 다져 올리브오일, 소금, 레몬즙을 넣어 조물조물 무친 뒤 샐러드와 곁들여 내놓

내가 인턴으로 일했던 레스토랑에서 손님들이 가장 많이 시켰던 '바투타 디 비텔로'. 사진은 ICIF 강의 때 학교 셰프가 만든 요리다.

는 요리다.

처음에는 일요일 늦은 밤에 레스토랑을 찾아와서 육회를 시켜놓고 레드와인을 마시는 피에몬테 사람들을 이해할 수 없었다. 하지만 시간이 지난 뒤에야 육회에 대한 북부 사람들의 애정이 남다르다는 사실을 알았다. 주중 점심에도 이 메뉴는 다른 음식의 주문량을 압도했다. 실제로 토리노나 볼로냐의 거리를 걷다 보면 노천카페에서 이 음식을 빵과 함께 점심으로 먹는 사람을 심심치 않게 볼 수 있다.

'스테이크 타르타르'로 불리는 이 음식은 원래 몽골이나 중앙아시아의 전통 음식이었다. 이 음식은 러시아와 독일 등을 거쳐 이탈리아로 들어온 것으로 추측된다. 미국으로 건너가 간편식의 대명사인 햄버거가 된 이 음식을 이탈리아에서는 이탈리아답게 미적으로 진화시켰다.

나는 ICIF에서 헤이즐넛을 먹여서 키운 고급 송아지로 이 요리를 만드는 시연을 보았다. 이 고기는 킬로그램당 우리 돈으로 8만 원 정도 하는 비싼 재료였다. 송아지살은 헤이즐넛의 기름이 배어 윤기가 났고 고기 특유의 역한 냄새도 없었다. 내가 먹어본 최고의 바투타 디 비텔로였다.

이 메뉴 말고도 북부 사람들의 고기 사랑은 각별하다. 소고기 스테이크 같이 '단순한' 메뉴로는 고기에 대한 이들의 갈증을 충족시켜주지 못한다. 내가 일했던 레스토랑엔 당연히 스테이크 요리가 없었다. 그 대신 피에몬테의 유명한 육우인 '파소네'를 밀가루 반죽처럼 얇게 포를 떠 리코타 치즈를 넣고 튀겨냈다. 또 양고기도 양갈비에 헤이즐넛 튀김옷을 입혀 튀겨서 내놓았다. 이 양갈비는 내가 인턴 생활을 하면서 먹어본 가장 맛있는 음식이었다.

느끼한 고기 요리의 압권은 '족발 튀김'이었다. 족발을 오븐에 넣고 습윤 기능으로 돌리면 삶은 것처럼 된다. 그런 다음 족발을 꺼내 단단한 뼈는 제거하고 껍질과 연골만을 다져서 정사각형으로 만든다. 그걸 튀김옷을 입혀 튀긴다. 이걸 먹으면 느끼함 때문에 단것을 먹었을 때와 비슷한 충격을 받는다.

이탈리아 북부 피에몬테 사람들의 고기에 대한 각별한 애정은 '족발 튀김'을 보면 알 수 있다.
내 입맛엔 한두 개 정도는 맛있었지만 기름기 때문에 금세 질리는 맛이었다.

피에몬테의 고유 음식에 고기가 이렇게 많은 까닭은 알프스 아래 넓게 펼쳐진 이 지역의 목초지 덕분이다. 파소네 같은 소고기와 함께 이곳의 치즈 역시 유명하다. 거기에 피에몬테는 고기와 버터에 목을 매는 프랑스와 국경을 마주하고 있어 프랑스의 영향을 많이 받았다. 실제 인턴으로 근무했던 레스토랑에서는 거위 간 요리인 '푸아그라'와 달팽이 요리인 '루마케'가 붙박이 메뉴로 있었다.

피에몬테와 같은 북부에 있는 다른 주도 비슷하다. 밀라노가 주도인 롬바르디아에서는 밀라노식 소고기 커틀릿이, 볼로냐가 주도인 에밀리아로마냐에서는 '모르타델라'를 비롯해 다양한 돼지고기 햄이 유명하다. 두 지역 역시 고기를 중시하는 국가인 독일·오스트리아·프랑스 등과 가깝다. 이탈리아 북부 사람들은 지리적·역사적 이유로 '고기에 살고 고기에 죽는' 입맛을 가지고 있다.

그렇지만 남부 사람들이 좋아하는 음식은 북부와는 다르다(내가 남부에서는 시칠리아밖에 가보지 않았으니 시칠리아 기준이다. 나폴리가 주도인 캄파니아주는 피자의 고향이다. 북부에서 유명한 피자집은 대부분 나폴리 출신이 운영한다). 가장 다른 점은 시칠리아 레스토랑에서는 고기 메뉴를 발견하기가 어려웠다는 것이다. 그 대신 시칠리아의 시장에 가면 황새치, 새우로 대표되는 다양한 생선과 가지, 브로콜리로 대표되는 신선한 채소가 가득했다. 소고기로 소스를 만드는 북부와 달리 이곳에서는 생선과 새우로 맛을 냈다.

그러나 시칠리아 사람들이 한결같이 강조하던 음식은 시칠리아의 이런 멋진 재료로 만든 정찬이 아니었다. 그들이 말하는 대표 음식은 밥 튀김인 '아란치니'였다. 야구공 크기인 이 음식은 밥 안에 뭘 넣느냐에 따라 '라구(고기)', '부로(버터)', '사르데(정어리)'로 나뉜다. 이 가운데 '라구'가 대표선수다. 한 개에 1유로 정도다. 두 개면 끼니가 거뜬하다.

시칠리아에서는 시칠리아를 상징하는 황새치를 비롯해 각종 해산물이 풍부하다. 시칠리아의 해산물 요리는 길거리 음식과 함께 시칠리아를 대표하는 음식이다.

 아란치니 외에도 소와 양의 내장을 구워서 파는 '스티기올라'나 소 내장을 삶아 시칠리아식 깨빵에 끼워 먹는 '밀차' 같은 길거리 음식도 인기였다. 피자 대신 먹는, 토마토소스에 곱게 간 정어리살을 반죽에 올려 구운 '스핀초네'라는 독특한 빵도 있었다.
 시칠리아에서 아란치니를 만들어 먹은 기원에 대해 여러 설이 있다. 그중에 아랍인들이 이 섬을 지배하면서 이 음식을 먹기 시작했다는 것이 정설이다. 시칠리아에 쌀과 사프란 등의 향신료를 전해준 사람들이 아랍인이었다. 뒤이어 이 섬의 주인

〔 시칠리아에서 이탈리아를 맛보다 〕

시칠리아를 대표하는 길거리 음식인 '아란치니'. 한 끼로도 손색없다.

'밀차'는 시칠리아의 길거리 음식 가운데 가장 맛있는 음식으로 꼽힌다.
삶은 소 내장을 시칠리아 깨빵 사이에 듬뿍 넣어서 치즈와 함께 레몬즙을 뿌려 먹는다.
느끼함이 족발 튀김에 뒤지지 않는다.

이 된 스페인과 프랑스 사람들은 고기 요리와 치즈를 가져왔다. 즉 고기를 넣은 밥 튀김인 아란치니는 역사적으로 여러 외세의 지배를 받아온 시칠리아의 역사가 농축된 음식이다.

양과 소의 내장으로 만들던 스티기올라 역시 지배자였던 사람들이 살코기를 먹고 남은 부속물을 길거리 음식으로 만들어 팔던 전통에서 비롯됐다. 지배자들이 화려한 스페인과 프랑스식 정찬을 먹을 때 시칠리아 주민들은 최소한의 재료와 간편한 조리법으로 영양가 높은 음식을 만들어 먹었다. 시칠리아 사람들은 섬을 식민 통치했던 지배층의 음식 대신 자신들의 슬픈 역사 속에서 자신들을 지켜준 길거리 음식을 기억해온 것이다.

이탈리아 소설가이자 기호학자인 움베르토 에코는 "이탈리아 음식을 만나는 것은 맛, 정신, 영감, 삶과 죽음에 대한 태도 등 다른 지역과는 차별되는 그 지역만의 특징을 발견하는 것과 같다"고 말했다. 실제로 이탈리아에서 지역별로 인기 있는 음식은 주마다 다를 뿐 아니라 도시마다 다르다. 같은 주에 속하더라도 도시별로 먹는 파스타나 치즈가 제각각인 곳이 이탈리아다. 지역 음식은 자연과 역사의 한계에서 그 지역 주민들이 일군 지혜의 결정체다. 그래서 지역 음식을 아는 것은 그 지역의 역사와 문화를 이해하는 지름길이다.

여덟 번째 맛

이탈리아의 숨은 자존심
살루미

이탈리아의 대표 음식은 뭘까? 내가 이탈리아에 직접 가기 전까지는 당연히 '파스타'라고 생각했다. 그런데 이탈리아에 가서 보니 파스타가 대표 음식이 아닌 것 같았다. 내 개인적 견해를 전제로 말한다면 이탈리아를 대표하는 음료는 에스프레소, 음식은 이탈리아 빵이다.

이탈리아에서는 아직도 많은 사람이 전통 빵을 먹는다. 포카치아나 그리시니 같이 독특한 빵을 즐긴다. 시칠리아 깨빵은 내가 가장 좋아하는 빵이다. 이탈리아 사람들이 이 빵을 먹는 방법엔 여러 가지가 있지만 가장 보편적인 방법 중 하나가 '프로슈토'와 먹는 것이다.

프로슈토는 돼지 뒷다리를 소금과 양념을 발라 말린 이탈리아의 전통 햄이다. 익힌 것과 안 익힌 것 두 종류가 있는데 보통 안 익은 상태의 햄을 더 쳐준다. 이탈리아에서 남쪽이나 북쪽 어디를 가든 빵과 가장 많이 내놓는 음식이 이 햄이다. 이 햄은 이탈리아의 자존심 같은 음식이다.

'살루메'는 돼지나 소 등의 고기로 만든 햄과 소시지의 총칭이다. 소시지 같은 긴 원통형 햄은 '살라메'라고 한다. 우리가 보통 사용하는 '살라미'라는 단어는 '살라메'의 복수형이다. 살루메나 살라메나 모두 '소금'을 뜻하는 라틴어 '살sal'에서 왔다. 살라미(혹은 살라메)가 막대형 소시지라는 것만 알면 두 단어의 구분이 쉽다.

이탈리아인들의 유별난 햄 사랑

이탈리아 사람들이 햄을 만들기 위해 들이는 정성은 유별나다. 프로슈토용 돼지는 2년 동안 방목한다. 살을 단단하게 만들기 위해서다. 그래야 살에 수분이 나오지 않아 염장이 잘 된다. 실제로 방목한 돼지는 그렇지 않은 돼지보다 몸무게가 적게 나간다.

이 돼지는 단위 면적당 사육 두수가 엄격하게 관리된다. 넓은 들판을 뛰어다니는 돼지가 가장 좋아하는 건 진흙목욕이다. 심지어 돼지가 머무는 축사도 넓어야 한다. 돼지의 축사 면적은 소의 두 배 이상이다. 프로슈토용 돼지는 웬만한 소보다 더 대접받는 셈이다.

이렇게 키운 돼지로 제조하는 DOP 프로슈토를 만들 땐 소금 말고는 아무것도 쓰지 않는다. 지역에 따라 후추, 회향 등의 향신료를 쓰는 곳도 있다. 이런 곳은 해당 지역의 고유한 향신료 배합을 비법으로 해서 인증을 받는다. 그렇지만 DOP 인증을 받는 곳에서는 방부제나 인공 향

〔 살루미 〕

은 쓰지 않는다. 방부제나 화학약품을 쓰지 않고 오로지 바람에 1년 이상 말린다. 이런 프로슈토는 썰어놓으면 참 독특한 향이 난다.

돼지를 방목해서 키우는 사육 방식은 유구한 역사를 가지고 있다. 프로슈토 만드는 법을 이탈리아인에게 알려준 사람들은 유목민인 게르만족이었다. 특히 서로마제국 멸망 후 같은 게르만족인 고트족을 몰아낸 후 이탈리아반도의 대부분을 차지하고 밀라노 인근 파비아를 수도로 삼았던 롬바르디아인들의 영향이 컸다. 롬바르디아인들은 소뿐 아니라 돼지도 방목했는데 이 돼지 방목을 이 지역에 살던 에밀리아로마냐 사람들이 배웠다.

정확하게 말하면 에밀리아 사람들이다. 에밀리아와 로마냐는 전혀 다른 역사적 배경을 가지고 있다. 에밀리아는 중세 이후 자치도시로 존재해왔고 로마냐는 교황령이었다. 두 지역이 통합된 시기는 제2차 세계대전 이후였다. 전통적으로 에밀리아는 부유하고 로마냐는 가난했다. 평원을 낀 에밀리아에서 돼지나 치즈가 유명하다면 바다를 낀 로마냐에서는 어패류가 유명하다.

특히 에밀리아로마냐의 남쪽에 있는 아펜니노산맥의 서늘하고 건조한 바람이 불어오는 파르마가 이 돼지 뒷다리 햄을 만들기에 최적의 장소로 꼽힌다. 알프스산맥을 끼고 있는 이탈리아 동북쪽 끝 프리울리베네치아 줄리아주 산다니엘레의 프로슈토가 유명한 것도 비슷한 이유이다.

명품 백만큼 비싼 햄이 있다니

역사와 전통을 자랑하는 이탈리아의 프로슈토는 꽤 비싸다. 한 덩어리에 100만 원이 넘는 것도 있다. 웬만한 명품 백 가격과 맞먹는다. 하지만 걱정하지 않아도 된다. 이탈리아의 '마첼레리아(정육점)'에서 수제 프로슈토를 100그램 단위로 소량 구매할 수 있다. 주문을 하면 직원이 바로 고기 슬라이서로 얇게 썰어서 유산지에 싸준다.

1만 원도 안 되는 돈이면 이 프로슈토를 사서 밤이면 밤마다 집에서 이탈리아 전통 빵과 함께 레드와인을 즐길 수 있었다. 한국에서 햄을

돼지 뒷다리로 만드는 이탈리아식 생햄인 프로슈토가 주렁주렁 걸려 있는 볼로냐의 식품점.
고기를 좋아하는 이들에게는 천국의 모습이 아닐까 싶다.

거의 먹지 않았던 나도 이탈리아 사람들의 이 신성한 프로슈토 숭배 행위에 동참하지 않을 수 없었다(한국에서 늘 마셨던 아메리카노 대신 에스프레소를 마시듯 말이다). 하지만 맨 처음 먹었을 때는 뭔가 고린내 같은 냄새에 거부감이 있었다.

그래서 나는 처음에는 오스트리아와 국경을 마주한 알토아디제 지역의 훈연한 '스페크'를 주로 먹었다. 스페크는 마늘 향에 훈연 향까지 나서 나처럼 프로슈토 초보자도 쉽게 접할 수 있었다. 훈연한 탓인지 가격도 다른 프로슈토에 견줘 상대적으로 저렴했다.

하지만 나중엔 전통 방식으로 만든 프로슈토를 사서 먹었다. 이탈리아에 온 지 3개월쯤 된 뒤 어느 정도 말문이 트이자 슈퍼마켓에서 포장한 것이 아니라 정육점에서 그때그때 썰어주는 덩어리 프로슈토를 사서 먹었다. 이렇게 먹는 것이 훨씬 맛이 있을 뿐 아니라 뭔가 나도 이탈리아 사람들처럼 음식에 유난을 떠는 사람이 되었다는 뿌듯한 마음도 들었다.

사실 이탈리아 사람처럼 프로슈토를 주문하는 건 어렵지 않다. 맛있어 보이는 프로슈토를 가리키고 '첸토 그라모cento grammo'라고 하면 된다. '첸토cento'는 '100'이고, '그라모grammo'는 '그램gram'이라는 뜻이다. 200그램은 '두에 첸토 그라모due cento grammo'다. 그리고 뭐가 맛있는지 모르면 정육점에 서 있다가 사람들이 가장 많이 사가는 걸 가리키면서 달라고 하면 된다. 에밀리아로마냐에서 만든 DOP 인증 제품을 고르면 실패가 없다.

골라 먹는 재미가 있는 지역별 햄

프로슈토 외에도 소시지인 '살라메'와 우리로 치면 순대와 비슷한 '살시챠'도 있다. 이탈리아에서는 돼지뿐 아니라 양, 당나귀, 염소, 거위 등 거의 모든 고기로 살라메를 만들어 먹는다. 가격은 생각보다 비싸지만 관심이 있다면 한번 도전해볼 만하다. 거기다 피스타치오, 고추, 마늘 등 지역 특산물을 넣기도 한다.

살라메는 지역마다 조금씩 다르다. 그것도 아주 재미있다. 칼라브리아의 '은두자'는 아주 매운맛으로 유명하다. 칼라브리아에서는 고추

당나귀 고기로 만든 이탈리아식 소시지인 '살라미'. 돼지고기와 달리 담백한 맛이 기억에 남는다.

〔 살루미 〕

(페페론치니)가 유명하다. 한국으로 치면 경북 영양 같은 곳이다. 시칠리아에서는 특산물인 피스타치오를 잔뜩 넣은 살라메를 만든다.

한번은 이탈리아의 한 가정집에 초대받았는데 저녁 만찬으로 전국의 다양한 살라메와 집주인이 직접 만든 수제 빵을 준비해주었다. 5~6가지 살라메 가운데 가장 맛있었던 것은 '토스카나 살라메'였다. 내 입에는 촉촉하고 부드러웠다. 또 푸딩처럼 숟가락으로 떠먹는 한 피에몬테 도시의 유명한 살라메도 내놓았는데 나 같은 초보자에게는 고난도의 맛이었다.

나에겐 살라메보다는 살시차가 맛있었다. 살시차는 우리나라 소시지와 달리 대부분 수제로 만든다. 고기와 향신료를 많이 넣어서 풍미가 아주 좋다. 껍질을 벗겨 살시차 속을 허브인 세이지와 함께 버무려 튀겨 먹으면 아주 독특한 맛이 난다. 가게마다 향신료 배합이 다르기 때문에 맛이 조금씩 다르다.

그렇지만 살루미의 왕 중 왕은 프로슈토다. 제대로 된 프로슈토를 먹으려면 에밀리아로마냐의 주도인 볼로냐로 가야 한다. '미식의 수도'로 불리는 볼로냐는 에밀리아 지역 프로슈토의 집산지다. 그래서 볼로냐는 '뚱보의 도시'로 불리기도 한다.

이런 별명에 걸맞게 볼로냐에서는 어디를 가든 돼지고기 내음이 난다. 또 볼로네제 소스로 불리는 토마토 라구 소스를 졸이는 향기가 골목마다 그윽하다. 여기에 파르미지아노 레지아노 치즈도 널려 있다. 시내 중심가에는 이런 음식들을 파는 가게들이 줄지어 있다. 가게 앞의 야

외 테이블에는 볼로냐의 음식을 즐기는 사람으로 문전성시다.

볼로냐에서는 와인도 안주도 저렴하다. 테이블을 가득 채우는 안주들을 보고 있으면 우리나라의 전라도 한정식 상차림을 연상케 한다. 보는 것만으로도 흡족할 정도다. 볼로냐에 가면 3~4명이 앉아 테이블 가득 프로슈토와 치즈를 차려놓고 이 지역을 대표하는 와인 '람브루스코'를 마시는 사람들을 어디에서나 볼 수 있다. 람브루스코의 알콜 도수는 8~10도로 우리나라의 막걸리처럼 부드럽다. 볼로냐가 미식의 천국으로 불리는 까닭이다.

〔 샬루미 〕

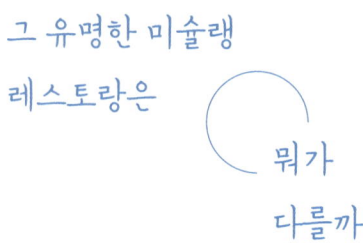

그 유명한 미슐랭
레스토랑은 뭐가 다를까

이탈리아엔 프랑스 다음으로 많은 미슐랭 레스토랑이 있다. 2020년 미슐랭 가이드 이탈리아 편을 보면 이탈리아에서 별을 받은 레스토랑은 모두 374곳에 이른다. 별 3개를 받은 곳도 11곳이다.

이탈리아에서는 길거리 음식도 평균 이상이다. 내가 이탈리아에서 먹어본 가장 맛있는 빵은 1.8유로짜리 '이리스'였다. 생크림에 초콜릿을 넣은 빵 반죽을 굽거나 튀긴 시칠리아의 길거리 음식이다. 한입 물면 입에서 폭풍 같은 향연이 일어난다. 길거리 음식이 이 정도니 레스토랑 음식은 말할 것도 없다. 그렇다면 미슐랭 레스토랑 음식은 다른 일반 음식점 음식보다 월등히 맛있을까?

맛만 놓고 본다면 미슐랭 레스토랑에 대한 견해는 엇갈릴 수 있다. 맛이 사람마다 달라지는 주관적인 요소이기 때문만은 아니다. 미슐랭 레스토랑이라 하더라도 그곳에서 강조하는 것이 무엇이냐가 더 중요하다. 전통 요리를 좋아하는 사람이 실험성을 강조하는 레스토랑에 간다면 '가벼운데 비싸다'라는 느낌을 받을 수밖에 없다.

이런 생각을 하게 된 것은 ICIF에서 미슐랭 셰프를 많이 만난 덕분이었다. 20명 넘는 셰프가 특강을 했다. 이들 상당수가 미슐랭 셰프였다. 나는 그들에게서 요리는 물론이고 제빵과 디저트를 배웠다. 미슐랭 셰프들에게도 자신들만의 스타일이 있었다. 같은 생각, 같은 요리를 하는 셰프들은 없었다. 셰프가 달라지면 레스토랑이 달라지는 까닭이다. 그리고 아무리 미슐랭 셰프라도 내 입맛에 맞지 않는 사람이 있었다. 내 경험을 바탕으로 미슐랭 셰프가 추구하는 요리가 일반 레스토랑 요리와 다른 점을 세 가지로 정리할 수 있다.

첫째로 전통을 세련되게 계승한다. 이들은 자기 지역의 전통 음식을 현대적으로 재해석한다. 이탈리아 요리의 정수를 배우러 간 나에게는 가장 귀감이 된 셰프들이다. 피에몬테에 있는 학교는 피에몬테의 전통 요리를 매우 강조했다. 이 음식들이 계속 시험에 나왔다. 그러니 레시피를 외우고 또 외울 수밖에 없었다.

그러나 외국인인 나에게 이 전통은 낯설었다. 우리로 치면 참치 삼각김밥을 연상케 하는 '비텔로 톤노(오븐에 구운 소고기를 참치와 멸치를 갈아 넣은 소스에 찍어 먹는 요리)'는 들어가는 품에 견주면 맛은 떨어졌다. 또 피에몬테식 고기만두인 '플린('아뇰로티'라고도 한다)'도 별로였다. 고기로만 만들어 부드러운 동양식 만두를 선호하는 나에게는 개운치 않은 뒷맛을 남겼다.

하지만 미슐랭 레스토랑 셰프들의 전통 음식 요리는 차원이 달랐다. 비텔로 톤노를 소고기뿐 아니라 파프리카나 생선살 혹은 토마토로 말아서 만들어냈다. 정말 조그만 공처럼 만들어낸 셰프도 있었다. 학교 수업에서 만들었던 것과는 차원이 달랐다. 전통을 해석하는 데는 노력과 창의가 필요한 거였다.

둘째로 '소재'를 강조하는 셰프다. 이들은 새로운 소재와 기법으로 고객에게 맛의 상상력을 보여주려고 했다. 이들은 일본이나 중국 등 동양의 재료를 쓰는 것도 주저하지 않는다. '분자 요리' 등의 전위적인 요리법도 많이 쓴다. 주로 30대의 젊은 사람이 많았다. 페이스북이나 인스타그램에 올리기 가장 적합한 요리였다. 기억나는 요리는 참치회와 구운 푸아그라를 김과 함께 켜켜이 쌓아 올린 밀푀유였다. 진귀함의 극치였다. 그러

미슐랭 레스토랑 '알에노테카'의 셰프인 다비데 팔루다가 피에몬테의 전통 라비올리인 '플린'을 접시에 담고 있다. 소스 천국인 이탈리아에서 소스 없는 플린 요리를 보는 것은 처음이자 마지막이었다. 그의 조리복 역시 내가 이탈리아에서 본 셰프 복장 가운데 가장 단순하고 멋졌다.

나 내 입맛에는 맞지 않았다.

마지막으로는 요리 철학이다. 요리사는 직업 특성상 사유보다는 실천을 앞세운다. 1년 365일 매일같이 새로운 요리를 고민해야 하는 셰프가 자신의 요리를 관통하는 철학을 근사한 수사를 동원해서 표현하기는 쉽지 않은 일이다. 그래서 동양에서는 그들의 조리 과정에 '도道'라는 말을 붙이기도 한다.

하지만 '알에노테카'의 셰프 다비데 팔루다는 달랐다. 그는 내가 피에몬테 전통 요리 가운데 이해되지 않았던 플린을 이해시켜주었다. 피에몬테의 많은 레스토랑에서는 '플린'을 메인 요리로 내놓는다. 보통 플린은 세이지 버터 소스(버터에 허브인 세이지 잎을 넣어 만든 소스)를 곁들인다. 안 그래도 고기 함량이 높은 플린을 이 소스로 요리하면 고기 맛이 더 강조된다.

그러나 다비데는 플린을 삶은 뒤 아무 소스 없이 새하얀 면포를 깐 접시에 담아 내놓는다. 불과 20년 전까지 이렇게 먹는 게 전통이었다는 설명과 함께 말이다. 그런데 소박하기 그지없는 그의 플린은 다른 플린에 견줘 맛있었다. 고기와 피의 비율을 7 대 3으로 맞춘 그의 레시피 때문만이 아니었다. 소스 없는 이탈리아 요리를 상상하기 어려운 현실에서 다비데는 자신만의 철학을 내세워 기존 요리에 새로운 이야기를 입혔다. 이야기가 소스 맛을 대신한 것이다. 내 눈에는 그가 요리사가 아니라 철학자로 보였다.

그는 한국과 일본에 직접 가보았고 현지에서 여러 음식을 먹었다고 말했다. 그러면서 그는 "한국과 일본의 요리엔 심장이 없다"고 평가했다. 그는 "요리엔 나만의 개성이 담겨야 하며 음식이 손님의 손목을 잡아끌고 가는 이야기가 있어야 한다"고 말했다. 천편일률적으로 소고기 스테이크를 메인 요리로 내놓는 한국의 외식문화에 일침을 가하는 지적이었다.

그러나 모든 미슐랭 레스토랑의 음식이 다 맛있지는 않았다. 내가 가본 미슐랭 레스토랑의 가장 큰 단점은 코스 전체가 완벽하지 않다는 거였다. 특히 빵, 젤라토, 커피와 같은 음식의 앞뒤에 나오는 코스가 부실한 곳이 제법 있었다. 이는 철학 때문이 아니라 주방 인원이 충분하지 않아서 생기는 문제다.

파인 다이닝엔 셰프와 수셰프, 전채-파스타-메인 요리-디저트·제빵 부문장 3~4명 등 최소 4~5명이 필요하다. 그러나 작은 규모의 레스토랑에서는 이보다 훨씬 적은 인원이 일한다. 그 대신 숙련되지 않은 가족이나 인턴들이 이 업무를 대신한다.

미슐랭 레스토랑 역시 이런 유혹에서 자유롭지 않다. 그러다 보니 공장에서 만든 냉동 음식이나 간편식을 쓰는 경우가 있다. 가장 많이 대체하는 음식이 빵과 디저트, 커피와 차다. 라비올리처럼 손이 많이 가는 품목에 기성품을 쓰기도 한다. 따라서 레스토랑에 가면 가장 먼저 체크할 부분은 메뉴가 아니라 주방이다.

더 나쁜 경우도 있었다. ICIF 졸업생들은 대부분 미슐랭 레스토랑에 인턴을 나가기 때문에 미슐랭 마크의 실체를 직접 목격한다. 선후배들이 전하는 이야기를 들어보면 그런 곳이 어떻게 미슐랭 마크를 받았을까 의아한 집도 있었다.

가장 나쁜 레스토랑은 요리보다는 돈이 되는 연회 혹은 대

미슐랭 1스타 레스토랑인 '마시모 카미아'에서 나온 라비올리의 일종인 '카펠레티' 요리. 일반 레스토랑과는 차원이 다른 접시였다.

미슐랭 1스타 레스토랑인 '카 비토리아'의 빵. 이 레스토랑의 오너 셰프는 제빵이 주특기다. 빵이 맛있는 레스토랑은 가마솥밥을 내놓는 한식집 같은 느낌을 준다.

외 영업 활동에만 신경을 쓰는 주객전도형 셰프가 있는 곳이다. 외부 활동 덕분에 오래전 받았던 1스타를 유지하는 것 아니냐는 의심이 들 정도였다. 이런 레스토랑에서는 인턴을 해도 배울 게 없다. 그리고 연회 때는 새벽 3~4시까지 정말 노예처럼 일해야 한다. 이밖에 개들이 마음대로 주방에 들어오게 할 정도로 위생 관념이 없는 미슐랭 레스토랑도 있었다. 또 셰프가 주방에서 담배를 피우면서 요리하는 곳도 있었다.

그렇지만 이탈리아에서 이렇게 문제가 되는 레스토랑은 소수다. 미슐랭 레스토랑 셰프 대부분은 지역의 유명 인사로 존경받는다는 게 선후배들의 공통된 이야기다. 내가 인턴으로 일했던 레스토랑의 셰프도 미슐랭 셰프는 아니었지만 지역 사람들과 끊임없이 소통하는 구심점 역할을 하는 지역의 명망가였다.

먹는 것을 중시하는 이탈리아에서 셰프들은 이처럼 오래전부터 지역사회의 존경을 받아왔다. 그래서 대를 이어가는 레스토랑이 많은지도 모른다. 그들이 존경받는 이유는 이탈리아 음식의 전통을 새롭게 만들어가는 사람들이기 때문이다.

한국에서는 2016년 처음 발행된 미슐랭 가이드 서울 편을 둘러싼 논쟁이 벌어졌다. 논쟁의 진위는 알 수 없다. 다만 한국의 미슐랭 레스토랑이 잘 차려진 음식을 과시하는 고전적인

'오트 퀴진(프랑스 궁정문화에서 유래된 전통적인 고급 요리)'에 머물고 있는 건 아닌지 고민이 필요한 때라는 생각이 든다. 또 한국 레스토랑이 '철학'까지는 아니더라도 '전통의 계승'과 '새로운 실험'이라는 가치를 만들어가는지도 한번 짚어볼 필요가 있다.

　이탈리아의 미슐랭 레스토랑에 가면 젊은 남녀뿐 아니라 노인들도 휠체어를 타고 온다. 또 가족 손님도 많다. 나이 지긋한 셰프는 이들에게 요리를 건네며 정담을 나눈다. 이런 그림 같은 장면에 레스토랑의 진짜 가치가 있다. 단순히 식욕이나 과시욕 같은 욕구를 충족하는 곳이 아니라 사람과 사람을 이어주는 사회적 네트워크로서의 가치 말이다. 미슐랭 레스토랑인지 아닌지는 그다음 문제다.

놓칠 수 없는 이탈리아의 별미
오렌지, 레몬, 피스타치오, 호박꽃

이탈리아의 물가는 참 싸다. 차를 렌트해 스위스나 독일을 여행하던 사람들이 잠깐 국경을 넘어와 이탈리아에서 먹을거리를 사서 다시 스위스나 독일로 돌아간다는 말이 있을 정도다. 실제로 이탈리아에서는 음식값을 비롯해 생활 물가가 정말 싸다. 특히 유럽인들에게 가장 중요한 빵과 물의 가격은 착하다 못해 순해 터졌다. 한국에서는 엄청 비싼 천연 탄산수 가 싼 것은 병당 50센트가 되지 않는다. 1.8리터짜리 생수 6병은 1유로 정도다.

또 한국인이 저렴하게 느끼는 품목 가운데 하나가 채소와 과일이다(물론 한국인의 눈에는 이탈리아 와인이 저렴함의 끝판왕일 것이다). 슈퍼마켓에서는 채소를 포장해 팔았는데 루콜라나 양상추 한 봉지가 보통 1유로였다. 어떤 때는 '1+1'으로 두 봉지를 1유로에 팔았다. 보통 한 봉지를 사면 나 혼자 두 끼를 먹을 분량이다.

과일도 훌륭했다. 내가 가장 많이 먹었던 것은 이탈리아 오렌지였다. 우리는 오렌지 하면 미국의 캘리포니아나 브라질을 떠올린다. 두 곳은 우리나라가 오렌지주스를 수입하는 주요 교역국이기 때문이다. 그런데 이탈리아에서도 오렌지가 많이 재배된다. 그중에 시칠리아산 오렌지가 유명하다.

피처럼 진한 '아란차 상궤'의 맛

시칠리아 오렌지 가운데 과육이 피처럼 붉거나 붉은 반점이 있는 오렌지가 있는데 이를 이탈리아에서는 '아란차 상궤sangue arancia'라고 한다. '아란차arancia'는 '오렌지', '상궤sangue'는 '피'를 뜻한다.

이탈리아 오렌지는 미국 오렌지와 달리 껍질도 비교적 얇고 당도와 산도가 적당히 균형을 이룬다. 이탈리아의 카페나 패스트푸드점에 가면 이 오렌지를 즉석에서 갈아주는 오렌지주스인 '스프레무타 다란차'를 맛볼 수 있다. 즉석 오렌지 과즙은 유리병이나 페트병에 들어 있는 기성품에 견줘 맛이 생생하고 발랄하다. 들쩍지근하거나 떨떠름하지 않다.

이탈리아 오렌지의 기원설은 두 가지다. 하나는 젤라토와 파스타처럼 아랍에서 왔다는 설이다. 시칠리아의 지리적 위치에서 비롯한 주장이다. 하지만 최근엔 대항해시대에 포르투갈 상인이 브라질에서 오렌지를 가져와 시칠리아에 심었다는 설도 제기되고 있다.

〔 놓칠 수 없는 이탈리아의 별미 〕

시칠리아 오렌지(왼쪽)와 그리시니.
시칠리아 오렌지는 과육뿐 아니라 껍질도 붉다.
그래서 '피의 오렌지'라고 불린다. 맛은 달콤하다.

    두 가지 설과 상관없이 이탈리아에 가면 오렌지를 원 없이 즐겨야 한다. 특히 피처럼 진한 아란차 상궤의 상큼함을 꼭 느껴보라고 권하고 싶다. 시칠리아 사람들은 봄에 에트나 지역의 오렌지 꽃비를 맞으러 간다. 우리가 벚꽃 구경을 가듯이 말이다. 벚꽃엔 향기가 없지만 오렌지꽃은 향기도 달콤하다고 한다. 시칠리아 토박이들이 시칠리아에서 꼭 봐야 하는 풍경이라고 이구동성으로 말해서 언젠가 불 뿜는 에트나 화산에 오렌지꽃 구경을 가볼 생각이다.

〔 오렌지, 레몬, 피스타치오, 호박꽃 〕

이제 피스타치오 하면 '시칠리아'다

이탈리아에서 내가 미국을 중심에 놓고 생각해왔다는 깨달음을 준 과일이 오렌지 말고도 더 있다. 바로 '아몬드'와 '피스타치오'였다. 나는 아몬드와 피스타치오가 미국에서 주로 자란다고 생각했다. "캘리포니아 어쩌구"로 시작하는 광고 탓일 수도 있다. 하지만 잘못된 정보였다. 아몬드는 인도를 거쳐 중동으로 퍼졌고 피스타치오는 중동과 소아시아가 원산지로 추정된다. 미국 캘리포니아보다 이탈리아에서 훨씬 먼저

시칠리아 피스타치오는 기름지고 고소하다.
가격은 한국에서 파는 가격 5분의 1정도도 하지 않아 요긴한 주전부리다.

재배했다는 이야기다.

특히 맛있던 건 피스타치오다. 시칠리아산 피스타치오는 미국산하고는 전혀 다르게 격조 있는 기름기와 감칠맛을 갖추고 있었다. 현지에서 먹어서 이런 맛이 느껴졌을 것이다. 우리나라에서는 이탈리아산 피스타치오를 본 적이 없었다. 한국에 돌아와서도 이탈리아산 피스타치오를 찾아봤는데 구할 수가 없었다.

하지만 이탈리아에서는 아주 쉽게 찾을 수 있다. 그리고 정말 저렴하다. 본고장인 시칠리아의 팔레르모 시장에 가면 2유로에 한 봉지를 준다. 4유로면 사흘 내내 먹을 만큼 많이 준다. 팔레르모 시내 관광이나 팔레르모의 주변 도시인 체팔루나 에리체에 갈 때 파스타치오 한 봉지면 다른 간식이 필요 없을 정도로 요긴했다(체팔루는 영화 〈시네마 천국〉의 배경이 되었던 도시들 가운데 한 곳이다. 바다와 절벽이 참 아름답다. 체팔루와 그리스 원형극장이 있는 타오르미나에만 가봐도 시칠리아 관광의 절반은 한 거라고 말하고 싶다).

이탈리아 요리의 화룡점정, 레몬

이탈리아에서는 토마토를 비롯해 과일이나 채소가 잘 자란다. 지형이 긴 반도 국가라 기후가 다양한데다 3월부터 10월까지 햇볕은 좋고 비는 적당히 내린다. 그래서 오렌지처럼 뜨거운 지방에서 나는 과일이 이탈리아에서는 아주 잘 자란다.

〔 오렌지, 레몬, 피스타치오, 호박꽃 〕

귤의 친척뻘인 '레몬'도 이탈리아에서는 흔한 과일이다. 이탈리아 남부에서는 집집마다 레몬나무를 직접 키울 정도다. 이탈리아 레몬은 미국 레몬처럼 아주 노랗지 않고 녹색이 살짝 묻어 있다. 남부에서는 요리에 레몬을 많이 쓴다. 샐러드는 물론이고 튀김이나 파스타 요리 등에 다양하게 사용한다. 심지어 레몬 껍질을 넣어서 만든 '리몬첼로'라는 식후주도 있다. 아주 달달하고 시큼하다.

　레몬이 이탈리아 요리에서 차지하는 위상을 실감했던 곳은 시칠리아 서부의 항구도시인 마르살라에서였다. 시칠리아에서는 비가 흔치 않은데 그날은 정말 오후부터 밤까지 엄청나게 비가 내렸다. 우리나라의 장마철처럼 마구 퍼부어댔다. 내가 마르살라를 10월 말에 갔는데 그때가 시칠리아의 우기였던 모양이다(내가 마르살라에 간 것은 두 가지 목적에서였다. 하나는 이탈리아의 주정 강화 와인인 '마르살라'를 만드는 과정을 보려고 양조장을 방문하기 위해서였고, 나머지 이유는 나를 시칠리아로 이끌었던 와이너리 '돈나 푸가타'의 와인 제조 과정을 보기 위해서였다).

　비를 피할 겸 시내 중심가(읍내라고 해야 맞을 듯한 작은 도시다)의 '오스테리아(레스토랑보다 조금 규모가 작은 식당)'에 들어가서 일단 파스타와 샐러드를 이것저것 시켰다. 당연히 화이트와인도 반병 시켰다. 그나름의 맛이 있었다. 그런데 우리나라의 메뉴처럼 '시가時價'라고 쓰인 메뉴가 있었다. 도미와 참치였는데 그날은 도미가 있었다. 그래서 동양에서 온 돈 많은 관광객인 양 도미구이를 추가로 주문했다.

　이탈리아 요리를 배운 나는 당연히 도미의 뼈를 발라서 살만 팬이

〔 놓칠 수 없는 이탈리아의 별미 〕

나 오븐에 구워 버터나 토마토소스를 끼얹은 '뫼니에르(생선에 밀가루를 묻혀서 굽는 프랑스식 요리의 하나)' 비슷하게 도미구이가 나올 것이라고 상상했다. 그런데 정작 올리브오일을 뿌려 도미 한 마리를 머리째 오븐에 통째로 구워서 내놓은 음식이 나왔다. 접시에는 아무 소스도, 장식 야채도 없고 덩그러니 구운 도미 한 마리와 레몬 반쪽이 있었다. 심지어 도미는 약간 덜 익어 보였다.

난감했다. 주방장을 불러 이게 뭐냐고 따져 묻고 싶었지만 비는 오는데 말 설고 길 선 마르살라에서 괜히 나서기는 싫었다. 나는 칼과 포크를 다잡았다. 그때 헤밍웨이의 소설 『노인과 바다』의 주인공이 떠올랐다. 주인공은 청새치와 사투를 벌이면서 간간이 배 위로 뛰어오른 날치의 생살을 먹으면서 버텼다. 그럴 때마다 가난한 어부였던 주인공은 레몬을 아쉬워했다. 그 장면을 떠올렸던 이유는 '그래도 레몬이 있는 나는 그 노인보다는 좀 낫구나' 하며 위안을 삼고 싶어서였다.

그런데 별 기대 없이 잘라서 먹은 이 생선구이가 아주 맛있었다. 일단 생선이 기가 막히게 잘 익었다. 스테이크를 굽듯이 생선 몸속에 온도계라도 꽂고 구웠나 싶을 정도였다. 그리고 생선에서 나오는 육즙과 올리브오일, 레몬이 잘 어우러져 다른 건 아무것도 필요 없었다. 그저 와인만 있으면 충분했다.

나는 그때 『노인과 바다』의 주인공이 왜 레몬을 그토록 애타게 찾았는지 깨달았다. 그리고 우리가 서양 요리에서 흔히 보는 소스는 올리브오일과 맛있는 레몬이 귀한 지역에서 고안한 것이라고 생각하게 되었

〔 오렌지, 레몬, 피스타치오, 호박꽃 〕

다. 이탈리아에서는 정말 태양이 모든 것을 해결해주는 것은 아닐까.

눈물 젖은 유대인의 한 끼, 아티초크와 호박꽃

레몬이 가진 잠재력을 잘 알고 있던 이탈리아 사람들 가운데 유대인들이 있었다. 이탈리아는 유대인들에게 비교적 관대했다. 로마제국에 의해 나라가 멸망한 뒤 중동과 북아프리카를 떠돌던 유대인들은 이탈리아에 많이 정착했다. 특히 고향과 가까운 시칠리아에 정착했다.

하지만 유대인들이 가질 수 있는 직업은 한정되었고 이탈리아에서 그들은 살림살이는 넉넉하지 않았다. 그래서 그들은 부유한 자들이 먹을 수 있는 크림을 먹기 어려웠다. 유대인들은 크림을 달걀 노른자와 레몬즙으로 대체했다. 지금도 전해져 내려오는 '아바키오(유대식 새끼 양 요리)'의 레시피를 보면, 요리 마지막에 달걀 노른자와 레몬즙을 넣고 잔열로 조리해 크림과 같은 질감을 만들어낸다. 가난한 이들의 요리엔 '유대식$_{alla\ giudia}$'이라는 이름이 붙는다.

사족이지만 유대인 요리는 이탈리아인들에게 영감을 주었다. 그중 하나가 '아티초크'다. 지금은 우리에게도 비교적 익숙한 채소인데 손질하기 전에 아티초크를 보면 거의 '채소계의 악어' 정도에 비유할 수 있다. 투구 같은 껍질에 길어도 너무 긴 가시를 두른 아티초크는 외관상 도저히 사람이 먹을 수 있는 채소로 보이지 않는다.

하지만 핍박받아 가난한 유대인들은 가시에 찔려가며 아티초크의

가시투성이인 아티초크를 보면 마치 악어가 식물로 둔갑해 누워 있는 것 같은 착각이 든다.

껍질을 하나하나 벗겼다. 그리고 껍질이 감싼 속살을 튀겨 먹었다. 이 속살을 튀겨서 먹으면 고소하면서도 바삭바삭하다. 가난한 유대인의 음식이었던 아티초크 튀김은 로마와 시칠리아 부자들의 입맛을 자극했으며 곧 이탈리아인들의 식탁에 오르게 되었다.

이 밖에도 이탈리아 사람들이 버렸던 호박꽃을 가져와 그 속에 삶은 콩을 넣어 튀겨 먹었던 호박꽃 튀김도 유대인들이 처음으로 선보인 요리다. 내가 레스토랑에서 인턴으로 일할 때 피에몬테 사람들이 가장 많이 시켰던 전채 요리가 호박꽃 튀김과 송아지고기 육회인 바투다 디 비텔로 였다. 저녁도 점심과 크게 다르지 않았다. 이 메뉴에 몇 가지 계

〔 오렌지, 레몬, 피스타치오, 호박꽃 〕

절 요리와 메인 요리가 추가되었다. 그래서 이탈리아에서 늦봄에 출시되는 애호박엔 하나같이 호박꽃이 달려서 시장에 출하된다. 아무도 먹지 않으려고 했던 식재료로 어떻게든 가족을 먹여 살리려고 했던 이방인들의 눈물 젖은 음식이 이탈리아인들이 가장 즐기는 음식이 된 것이다.

에
필
로
그

이탈리아 요리 유학에서 얻은 것과 잃은 것

나는 2019년 12월 초 이탈리아에서 귀국했다. 3월 초 만 쉰 살이라는 나이에 이탈리아로 요리 유학을 떠난 지 9개월여 만이다. 짧다면 짧고 길다면 긴 이탈리아 유학에서 나는 무엇을 얻고 무엇을 잃었을까? 얼마 되지 않는 퇴직금 대부분을 투자한 유학길에서 나는 어떤 미래 가치를 만들었을까?

나의 요리 유학 대차대조표를 공개한다. '대차대조표'라는 회계 용어를 쓰는 것은 나의 유학 생활을 미화하지도 폄하하지도 않고 객관적으로 평가해보겠다는 생각에서다.

돌이켜보면 유학을 떠나기 전에 내가 가진 열정은 두 가지였다. 하나는 이탈리아 음식을 멋지고 맛있게 만드는 전문 조리인이 되려는 열정이었다. 20년 넘게 앉아 있던 책상에서 일어나 불 앞에 서서 칼을 휘두르고 싶었다. '펜보다는 칼'이 유학의 슬로건이었던 셈이다. 나머지 하나는 이탈리아 요리에 대한 인식론적인 열정(알고자 하는 열정)이었다. 요리와 역사에 관한 책을 쓰면서 나는 오랫동안 이탈리아 음식이 어떻게 서양 음식의 뼈대가 됐는지도 몹시 궁금했다. 물론 조리인이 되려는 열정이 알고자 하는 열정보다 훨씬 중요했다.

그러나 세상은 호락호락하지 않았다. 이탈리아에서 나는 사실상 레스토랑을 개업하는 꿈을 접었다. 이탈리아에 있는 동안 내 체력의 한계를 뼈저리게 느꼈기 때문이다. 내가 유학을 오기 3년 전부터 스쿼트와 등산으로 하체를 단련했다고 해도 나의 밑천이 바닥을 드러내는 건 두 달이면 충분했다.

ICIF의 한국인 동기를 비롯해 브라질·미국·러시아 등 전 세계에서 온 학생들은 수업이 끝나고 기숙사 마당에서 축구를 하거나 와인을 마셨다. 봄의 이탈리아는 찬탄을 불러일으킬 만큼 아름답다. 하지만 나는 바닥난 체력을 한탄하며 그날 배웠던 레시피를 정리하느라 바빴다. 나는 ICIF 재학 중에 딱 하루, '밤의 교장'이라고 불린 구내식당 주방장인 마리오의 생일 파티에만 참석했다.

이어진 인턴 생활은 약간이라도 남아 있는 나의 체력을 마지막 한 방울까지 쥐어짜냈다. 하루에 잠자는 시간 빼고는 오전 9시부터 밤 12시까지 쉴 새 없이 일해야 했다. 이탈리아에서 인턴 노동은 슬프게도 무급이다. 나는 지금도 이 '슬픈 노동'의 트라우마에서 벗어나지 못하고 있다. 이탈리아 유학에서 조리 전문가의 식견을 키웠을지는 몰라도 '체력'과 '열정'이라는, 요리사로서 가져야 할 가장 중요한 자산의 상당 부분을 잠식당했기 때문이다.

셰프로 성장할 가능성도 유학을 떠날 때보다 오히려 낮아졌다. 내가 가진 거의 유일한 현금 자산인 퇴직금을 투자해 유학을 떠났지만, 귀국 후 내가 조리인으로서 얻은 수익은 제로에 가깝다. 체력과 열정을 잠식당했으니 미래 수익도 기대하기 어렵다. 대안이 없는 손익계산서와 현금흐름표는 '투자자'이신 아내의 지청구를 피할 수 없어 보인다. 초라한 대차대조표만 남았지만 나는 초조하지 않다. 숫자로는 잡히지 않는 무형의 자산 덕분이다.

유학을 통해 얻은 가장 큰 자산은 '소스'에 대한 이해다. 학교를 졸업한 후 인턴으로 일했던 레스토랑에서 내 담당은 셰프를 도와 식자재를 정리하고 소스를 만드는 일이었다. 오전 9시에 출근하자마자 매일 4~6킬로그램의 빵을 만들고 나면 저녁 시간 전까지 채소나 생선을 손질하거나 소스를 만들었다. 소스를 만드는 일은 고된 인턴 생활에서 가장 즐거운 순간이었다.

　소스를 이해하는 건 서양 요리를 이해하는 지름길이었다. 소스는 이질적인 재료들을 이어주는 징검다리 구실을 할 뿐 아니라 재료가 가진 잠재력을 끌어내준다. 나는 소스를 만들면서 복잡하게만 보였던 서양 요리의 미로에서 빠져나올 수 있었다. 이탈리아에 가지 않았다면 소스를 가장 먼저 내세우는 서양 요리의 기초를 이해할 수 없었을 것이다. 나를 언제든 다시 주방에 설 수 있게 해줄 중요한 자산이 소스라고 생각하는 이유다. 그런 의미에서 인턴 레스토랑 '라 베툴라'의 셰프 프랑코는 나의 진정한 스승이었다. 그는 책과 학교에서는 가르쳐줄 수 없는 소스의 핵심을 몸으로 깨닫게 해주었다.

　와인에 대한 이해도 내가 얻은 중요한 자산 가운데 하나다. 유학을 오기 전까지 나는 와인을 단순히 과시의 한 방편쯤으로 생각했다. 그러나 이탈리아에 와서 와인이 서양 음식의 한 축이라는 사실을 알게 됐다. 헤이즐넛을 묻혀 튀긴 양고기를 레드와인 없이 먹는다는 것은 이탈리아에서는 상상할 수 없는 일

〔에필로그〕

내가 인턴으로 일했던 레스토랑 '라 베툴라'의 셰프 프랑코는 나의 진정한 스승이다.
그 덕분에 나는 소스를 이해할 수 있었다.
인턴이 끝나고 10월 초 시칠리아로 떠나기 전날 그와 처음으로 어깨동무를 해보았다.

이다. 한국에서 치킨을 맥주와 함께 먹는 것과 비슷하다.

특히 무형의 자산인 와인은 나를 뜻밖의 세계로 이끌었다. 10월 초 인턴을 마치고 이탈리아 북부의 토리노에서 1,300킬로미터 떨어진 남쪽의 시칠리아까지 날아가기도 했다. ICIF 와인 수업에서 내가 가장 맛있게 마셨던 시칠리아 와인을 느껴보기 위해서였다. "귀국 전에 시칠리아에 꼭 가보라"는 이탈리아 현지 친구들의 한결같은 조언도 한몫했다(친구들의 여행지 추천 리스트에는 볼로냐도 있었다).

시칠리아 와인은 내륙의 그것과 달랐다. 신화와 역사가 어우러진 시칠리아 특유의 에너지가 담겨 있었다. 시칠리아는 기원전 8세기부터 그리스의 식민지였다. 중동이 원산지인 와인이 이탈리아에 가장 먼저 소개된 곳이 시칠리아였다. 그러나 아랍의 다디단 포도 품종인 지법보(알렉산드리아 모스카토)를 저온 발효시켜 상큼한 화이트와인으로 변신시킨 것은 분명 이탈리아인의 지혜였다.

와인뿐 아니라 파스타, 젤라토, 리소토도 비슷하다. 하지만 유럽 전체로 퍼진 이런 음식들은 이탈리아에 처음 소개됐을 때와 완전히 달라졌다. 커피의 원산지는 에티오피아지만 에스프레소의 원산지는 이탈리아인 것처럼 말이다. 시칠리아엔 지금도 아랍의 활력과 유럽의 냉철함이 교차한다. 그 현장은 생생하다 못해 거의 날것에 가깝다. 시칠리아에서 나는 음식과 관련해 내 시야를 중동과 아프리카로 넓혀야 한다고 생각하기도 했다.

이런 생각을 하고 있을 때 "이탈리아 음식에 대한 책을 써보겠느냐"는 한 출판사의 제안을 받았다. 음식으로 풀어가는 이탈리아의 역사와 문화 이야기를 써달라는 것이었다. 레스토랑 개업도, 주방 스태프 취업도 쉽지 않은 상황에서 이 제안은

〔 에필로그 〕

인턴 때 처음 낸 요리는 '안티파스타'였다.
오른쪽에 보라색 꽃이 올라간 것부터
시계 방향으로 '인살라타 루사', '바투타
디 비텔로', '비텔로 톤노'다.
대부분 수셰프가 만들었고 나는 소스를
만들거나 플레이팅을 했다.

달콤했다. 게다가 이탈리아 전체가 아니라 두세 지역을 음식으로 풀어달라고 요청받았다. 마치 내가 좋아하는 시칠리아와 볼로냐를 염두에 둔 듯한 제안이었다. 나는 제안을 수락했다.

와인에 대한 갈망은 아무 연고 없는 시칠리아로 나를 떠나게 했다. 그 덕분에 음식 관련 저술 제의를 받았고 요리학교 졸업 뒤에도 이탈리아 음식에 대한 열정의 끈을 놓지 않을 수 있었다. 철없는 남편이 레스토랑 개업 같은 허황된 꿈을 접길 바라는 아내에게도 뭔가 할 말이 생겼다.

나는 이듬해 초 다시 이탈리아로 떠날 예정이었다. '음식 공부 2.0'은 첫 번째 유학과는 여러 면에서 달랐다. 이번엔 셰프가 되기 위해서가 아니라 책을 쓰기 위해 짐을 꾸려야 했다. 2019년 내가 ICIF에서 그렇게 억누르고자 했던 인식론적인 열정이 음식 공부 2.0의 출발점이라는 점도 큰 차이였다.

이탈리아에서 나를 구한 것은 "레스토랑을 차릴 수 있는 전문 조리인이 되자"던 초발심이 아니었다. 부끄럽게도 그것은 그 뒷전에 있던 인식론적 열정이었다. 나는 이 호기심을 때때로 눈은 높고 손은 낮은 먹물들의 쓸데없는 습관쯤으로 여겼다. 그렇지만 나의 중요한 자산이 된 소스와 와인에 대한 이해도 맨 처음엔 이런 호기심에서 출발했다. 결국 그 호기심이 나를 다시 한 번 이탈리아로 이끌어주었다. '칼'이 아니라 '펜'이

나를 구한 셈이다. 한편으로는 안도감이 들었지만 기록하는 사람(기자)이라는 팔자에서 도망치기 쉽지 않다는 것도 실감했다.

그래서 두 번째로 떠날 이탈리아 여행에서는 꽉 짜인 요리학교나 레스토랑의 주방을 아예 염두에 두지 않았다(그래도 이탈리아에 가면 스승인 프랑코를 찾아가 그의 타야린을 먹어보고 싶다). 그 대신 시칠리아의 올리브 과수원, 토스카나의 포도밭, 에밀리아로마냐의 프로슈토 제작 현장 등을 느긋하게 돌아볼 계획이었다. 이탈리아의 도시마다 있는 대성당 앞 카페에 앉아 짐을 푼 이방인처럼 그 동네의 음식과 와인을 즐겨볼 요량도 있었다.

하지만 어떤 일도 내 의지만으로 이루어지는 것은 아니다. 원래대로라면 나는 2020년 3월 초 다시 이탈리아로 나서야 했다. 볼로냐에서 3~6개월가량 어학연수를 한 뒤 시칠리아에서 여름을 보내려고 했다. 그러나 코로나19 때문에 모든 계획은 미루어졌다. 백신을 접종해도 이탈리아에 다시 가는 시기는 빨라야 2021년 겨울 이후나 되어야 할 듯하다.

코로나19 상황이 끝나기를 애타게 기다리지만 이탈리아에 다시 다녀온다면 뭐가 달라질까? 나에게 여전히 약속된 미래는 없다. 내 계획을 들려주면 주변 사람들은 "아니, 이탈리아에 또 간다고?"라며 의아해한다.

그런 반응도 무리는 아니다. 2019년 첫 유학에서 나는 전문 조리인의 길을 열어보겠다고 생각했다. 당시 나는 레스토랑 개업이라는 목표 하나만을 보고 질주했지만 이탈리아 현지에서 나를 기다리고 있던 것은 전혀 다른 길이었다. 그렇지만 나는 주저하지 않고 이탈리아에서 만난 새로운 길로 걸어갔다. 그 선택은 레스토랑의 주방에서는 볼 수 없는 또 다른 음식의 세계를 나에게 보여주었다. 2006년 내가 처음 접한 파스타의 신세계처럼 말이다.

그 경험을 바탕으로 2021년 5월, 나는 『볼로냐, 붉은 길에서 인문학을 만나다』라는 음식 인문학 책을 펴냈다. 독특한 지역 음식이 볼로냐라는 지역의 역사와 문화에 어떤 영향을 미치는지를 살펴본 책이었다.

나는 이탈리아 음식 여행의 두 번째 목적지로 시칠리아를 만지작거리고 있다. 제주도 면적의 50배가 넘는 거대한 섬인 시칠리아는 거의 모든 이탈리아 음식의 출발점으로 꼽힌다. 거기다 시칠리아의 마을마다 신화와 전설과 역사가 꿈틀거린다. 이런 시칠리아가 이탈리아 음식에 빠진 나에게 손짓하는 것은 당연하다.

 하지만 이미 2019년에 한 달간 다녀온 시칠리아는 너무나 낙후돼 있었다. 이곳엔 버스가 하루에 2~3번밖에 다니지 않는 도시도 많다. 이탈리아말이 짧은 나 혼자 이런 곳을 돌아본다면 분명 쉬운 일은 아닐 것이다. 그래도 나는 또 한 번 길을 떠나려고 한다. 흙먼지 날리는 길 뒤에 더 깊은 맛의 원형질이 숨어 있으리라고 기대하면서.

파스타에서
이탈리아를
맛보다

ⓒ 권은중, 2021

초판 1쇄 2021년 9월 10일 찍음
초판 1쇄 2021년 9월 15일 펴냄

지은이 | 권은중
펴낸이 | 강준우
기획·편집 | 박상문, 고여림
디자인 | 최진영
마케팅 | 이태준
관리 | 최수향
인쇄·제본 | ㈜삼신문화

펴낸곳 | 인물과사상사
출판등록 | 제17-204호 1998년 3월 11일

주소 | (04037) 서울시 마포구 양화로7길 6-16 서교제일빌딩 3층
전화 | 02-325-6364
팩스 | 02-474-1413

www.inmul.co.kr | insa@inmul.co.kr

ISBN 978-89-5906-612-4 03920

값 16,000원

이 저작물의 내용을 쓰고자 할 때는 저작자와 인물과사상사의 허락을 받아야 합니다.
파손된 책은 바꾸어 드립니다.